歴史文化ライブラリー
492

戦国大名毛利家の英才教育

元就・隆元・輝元と妻たち

五條小枝子

吉川弘文館

目　次

〔凡例〕

一、本文で引用あるいは参考とした文献については、文中に執筆者名と図書名（論文名）のみを記し、出版社（掲載雑誌・号数）や刊行年（西暦）については、巻末の「参考文献・史料」に示した。

一、史料については、原則として現代語訳に改めて引用し、適宜、書状原文を【　】に括って添えた。書状原文は「書き下し」とし、必要に応じて振り仮名や送り仮名を付けた。また、紙幅の都合で、書状原文の引用を省略し、現代語訳のみにとどめたものもある。なお、史料を引用した場合は、本文中に史料名のみを記し、出典となる史料集などについては、巻末の「参考文献・史料」中の「引用史料の出典一覧」に示した。

一、長文の引用史料は、基本的に二字下げとした。引用史料の旧漢字は新字に改め、適宜句読点を施した。

一、人名について、どう呼ばれていたのか確認できない場合は、仮の読みを振った。

1　書状から読み解く毛利家の家庭事情

書状から読み解く毛利家の家庭事情——プロローグ

毛利氏関係の文書について

戦国大名毛利《もうり》氏は、関係する文書が多数現存していることで著名である。『国史大辞典』によると、毛利家宗家には、「総数は安元三年（治承元、一一七七）から享保九年（一七二四）に至る千五百七十五通」（「毛利家文書」項、河合正治担当）が残されているという。その他、毛利枝族にも多数の書状が残されている。毛利氏関係の文書でいうと、刊行されている『大日本古文書』には、毛利・吉《きっ》川《かわ》・小早川《こばやかわ》・熊谷《くまがい》・三浦・平賀・山内《やまのうち》首藤《すどう》・益田《ますだ》家の文書が翻刻されている。また、萩藩の永田《ながた》政純《まさずみ》の編にかかる『萩藩閥閲《ばつえつ》録』の総文書数は、「約一万三六〇〇通、その六〜七割が戦国期の毛利氏関係文書と推定される。これに、『寺社証文』約一二〇〇通、『防《ぼう》長《ちょうふうどちゅうしんあん》風土注進案』約三九〇〇通などを加えれば、優に一万通を超える」とされ、「後北条氏関係文書は約四五〇〇通と推定され」、「柴辻俊六氏によれば、武田氏関係文書は約二六〇〇通である」ことに比べると、「文字通り一ケタ違う」と指摘されている（秋山伸隆『戦国大名毛利氏の研究』）。それに加えて、『広島県史　古代中世資料編』や『山口県史　史料編　中世』に収載される文書数もかなり多い。さらに、毛利元就《もとなり》の自筆書状が数多く含まれることも特徴といえよう。「毛利元就発給文書目録」（秋山伸隆『毛利家文書の基礎的研究』）によれば、全二九二四通のうち、自筆書状は、二六四通を数える。

このように豊富な史料によって、この時期の毛利氏の動向を書状からたどることが可能であり、戦国大名としての毛利氏については、権力の基盤を解明し、その権力構造の特質を明らかにしようとする歴史学の多くの研究成果がある。本書は、その成果をふまえつつ、歴史学研究とは異なる視点で、毛利家文書を読み解こうとするものである。

具体的に書状を読み解く前に、ごく大まかに、毛利元就代から輝元《てるもと》代に至る毛利家の動向を確認しておきたい。

元就の登場――大内・尼子両氏のはざま

毛利家は、家系を遡れば鎌倉幕府の重臣大江広元《おおえのひろもと》の四男季光《すえみつ》が、本拠、相模《さがみ》国毛利荘（神奈川県厚木市）の在地名により毛利を称したことに始まる。建武三年（一三三六）七月に、季光の孫時親《ときちか》が安芸《あき》国吉田荘に下向し、本拠をここに移した。

毛利元就は、安芸国郡山《こおりやま》（広島県安芸高田市吉田町）城主毛利弘元《ひろもと》の次男として、明応六年（一四九七）三月に生まれた。幼名は松寿丸《しょうじゅまる》という。松寿丸は、永正八年（一五一一）元服し、少輔《しょう》次郎元就と称した。時に、一五歳であった。大永三年（一五二三）、兄興《おき》元《もと》の後を継いでいた甥の幸松丸《こうまつまる》が九歳で早世し、同年八月に元就が二七歳で家督を相続することになる。この時、毛利家は未だ安芸国衆《くにしゅう》（国人領主《こくじんりょうしゅ》）の一つにすぎなかった。大《おお》内《うち》氏、尼子《あまご》氏の両勢力の接点に位置していた毛利は、その時々の情勢により尼子方、大内方と、従属先を変えざるを得ない状況に追い込まれることが多かった。

図1　毛利元就像（毛利博物館蔵）

元就は、家督相続後、大永五年に大内氏の麾下《きか》に入り、享禄二年（一五二九）には、大内氏とともに有力な国衆高橋氏を滅し、安芸・石見《いわみ》両国にまたがる遺領を得る。天文六年（一五三七）十二月には、万が一の尼子からの攻撃に備えるために、長子隆元《たかもと》を人質として大内義隆《よしたか》の元に送っている（天文十年正月まで）。天文九年九月には、尼子氏が、大内氏の安芸国への支配権強化への対抗措置と大内氏の本拠である防長《ぼうちょう》両国に攻め込むための足がかりとを得るために、毛利氏の郡山城を制圧しようと本格的に攻撃を始めた。これに対し、大内義隆は、陶隆房《すえたかふさ》（のち、晴賢《はるかた》）を総大将として援軍を送り、翌年正月、尼子軍は敗走した（郡山合戦）。この時、元就らは武田信実《たけだのぶざね》を出雲《いずも》に敗走させた。ここに、武田氏は滅び、元就はその所領を得る。この戦功で元就の名は幕府や安芸備後《びんご》両国に知られるようになるが、あくまでも大内氏の麾下としての立場であり、引き続き大内氏の命によって尼子氏との戦闘に参陣することになる。天文十二年（一五四三）二月には、大内義隆に従い富田月山城《とだがつさんじょう》の尼子晴久《はるひさ》を攻撃するが、この遠征は失敗に終わる。この後、尼子方との攻防を繰り返す中で、三男隆景《たかかげ》が、竹原小早川興景《おきかげ》の後嗣《こうし》となった。竹原小早川氏は、沼田《ぬた》小早川氏の庶流ではあるが、国人領主として、芸南一帯を領有し大内氏との結びつきも強く、この縁組には、尼子方の神辺城《かんなべじょう》攻略のための拠点を強化しておきたいという大内義隆の意向が強く働いていたと推測されている（河合正治『安芸毛利一族』）。

盤石な家内体制を築く

元就は、天文十五年四月から翌年六月までの間に、隆元に家督を譲るが、備後国から尼子方勢を排除することに全力を注がなければならず、実権は元就が保っていた。その頃から、次男元春《もとはる》を、西隣の吉川氏に嗣子として入れる話が進み始める。元就の正室妙玖《みようきゆう》の兄弟である吉川経世《つねよ》が、尼子方に寝返った甥の吉川興経《おきつね》を隠退させ、その後に元春を迎えたいと申し入れた形を取っている。神辺城は、天文十六年から大内・毛利方の攻撃を受け、翌年九月にようやく攻落されることになるが、この時、元春は吉川家当主として家臣を率いて参陣している。

天文十八年になると、元就は、元春・隆景を伴い、山口の大内義隆を訪問し、歓待を受けた。この時、義隆は、重臣内藤興盛《ないとうおきもり》の娘を養女とした上で、隆元との縁組を決めている。元就らの訪問の表向きの理由は、隆元の家督相続や元春・隆景の吉川・竹原小早川家の嗣子相続の承認の礼を述べるものであったが、実は、大内氏内の不穏な動きについて探りを入れる狙いもあった（武断派の陶隆房らが、文事にかまけるばかりの義隆を廃し、大内氏の実権を握ろうと陰謀を進めていた）。陶氏から毛利氏側にも働きかけがあったはずで、元就は大内氏の先行きを見切ったのであろう、翌十九年には、次々と毛利家周辺を堅固にする策を打ち出す。まず、吉川氏を相続した後も、吉川領に入っていなかった元春を大朝新庄《おおあさしんじよう》

（山県郡北広島町）の小倉山《おぐらやま》城に入れ、幽閉していた吉川興経とその子を殺害し、血統を絶った。また、隆景を竹原小早川家の惣領家にあたる沼田小早川家に嗣子として入れている。さらに、毛利家中で専横《せんおう》が甚だしかった家臣井上元兼《いのうえもとかね》一族三十余人を誅殺し、家臣二三八名連署の起請文《きしょうもん》を提出させている。このことによって元就は、家中に主従関係の遵守（家中の統制）を徹底させた。

大内・尼子両氏の凋落

天文二十年八月に、陶隆房が山口に攻め入る。当初、大内義隆を隠退させ、その子義尊《よしたか》を立てるということであったが、計画は、義隆父子を抹殺し、義隆の甥にあたる豊後《ぶんご》大友義鎮《よししげ》の異母弟晴英《はるふさ》（のち、義長《よしなが》）を迎えるように変更された。陶勢は、九月、主君義隆父子らを長門《ながと》国大寧寺《たいねいじ》（長門市深川湯本《ふかわゆもと》）に追い詰め、自刃《じじん》に追い込んでしまった。晴英は、翌年三月山口に入り、新しい大内氏の当主となった（この時、隆房は一字を与えられ、晴賢と改名した）。毛利氏は、新大内氏の麾下に入ったが、もはや、これまで頼みとしていた義興《よしおき》・義隆時代の大内氏ではない。隆元が、再三申し立てたように、陶氏を決して信用できないとすれば、自らの力を強化するしか策はなく、元就は、頭崎《かしらざき》（東広島市）の平賀氏、志和《しわ》（同）の天野氏、鳥籠山《とこのやま》（広島市安芸区中野）の阿曽沼《あそぬま》氏、伊尾《いお》（世羅郡世羅町）の湯浅氏らを勢力圏内に取り込んでゆく。

天文二十一年、尼子晴久は、将軍足利義輝《あしかがよしてる》から、中国地方八ヵ国（出雲・隠岐《おき》・因幡《いなば》・伯耆《ほうき》・備前《びぜん》・美作《みまさか》・備後・備中《びっちゅう》）の守護に任ぜられる。翌年、晴久が、備後や安芸の毛利氏の本拠を突こうとして南下してくるが、元就が高杉城、旗返山城《はたがえしやまじょう》（いずれも三次市）を攻落したので、晴久は、備後出征の目的を失い、出雲へ引き揚げる。この合戦には、大内氏から陶晴賢の重臣江良房栄《えらふさひで》が派遣されていたが、主導したのは元就であった。戦後、元就が尼子勢への備えと毛利方に下った備後の国衆を統制する要として旗返山城を守備したいと申し出たが、晴賢は許さず、毛利氏を監視するために江良房栄を城代とした。このことが、毛利氏を陶氏討伐に動かした直接的な要因と考えられている。また、尼子勢の撤退間もなく、尼子方の芸備攻撃の拠点であった甲山城《こうやまじょう》（庄原市山内町）の山内隆通《やまのうちたかみち》とその庶家多賀山通続《たがやまみちつぐ》が、相次いで毛利氏に下った。これで、ひとまず尼子への備えができたことになり、それが、陶氏と対決することを元就に決意させた要因の一つともなった。

天文二十二年、津和野《つわの》の吉見正頼《よしみまさより》が主君大内義隆の仇《あだ》を討つため、陶氏討伐の兵を挙げた。毛利氏は、双方から加勢を要請された。元就は、表向きは、盟約に義理を立てるとして、陶氏に加勢するとの姿勢を崩さなかったが、隆元は、晴賢は最後には必ず毛利を滅ぼそうとするはずであると、陶氏との対決姿勢を堅持した。熟慮の結果、天文二十三年五月に元就・隆元は、陶晴賢討伐のために挙兵する。弘治元年（一五五五）、元就は調略をもって、晴賢を厳島《いつくしま》におびき寄せ、自刃させる（厳島合戦）。厳島合戦は、瀬戸内海中央部における制海権の争覇戦でもあった。この勝利により毛利氏は、戦略上も経済上も大きな力を得ることになった。のちに、大内義長を長府《ちょうふ》で自刃させ、大内氏を討滅した（弘治三年四月）。この間、弘治二年には、尼子の南下を牽制するためもあり、吉川元春を石見国に出征させ、大森銀山（石見銀山）を支配下に置いた。

毛利両川体制と版図の拡大

この頃、元就が当主隆元の後見を続け、元春・隆景は隆元の下で毛利家の経営にも参画するという体制が固まった（「三子教訓状」〈後述〉もこの頃発信されている）。時に、毛利氏は、芸備防長四ヵ国のほか、石見・備中両国の大半も制圧する中国地方最大の領主になっていた。ただ、北の山陰地方には依然として尼子勢がおり、西では、大友義鎮が北九州一帯に勢力を伸ばしていた。

この間の攻防について詳しくは追わないが、永禄五年（一五六二）には、いったん尼子方の支配下に入っていた石見銀山を奪取し、石見を平定している。一方、尼子氏と内応した豊後大友氏が豊前《ぶぜん》国に侵入し、その対応のため、隆元が出雲から西表《にしおもて》（九州方面）に出征することになる。ただ、時の将軍足利義輝の調停により、大友方とは和談が成立する。

隆元は、永禄六年七月には、出雲に再び転戦するため、吉田郡山城の西、多治比《たじひ》まで帰着するが、俄《にわか》に病没する（享年四一歳）。

元就は、永禄八年四月には、尼子氏の富田月山城に総攻撃をしかけ、包囲持久戦を取る。翌九年十一月、ついに尼子義久《よしひさ》が降伏し、出雲・伯耆を平定する。

永禄十年には、伊予《いよ》道後湯月《ゆづき》城主（愛媛県松山市）河野《こうの》氏から救援を請われ、急遽出征を決める。この戦では、元春・隆景が両将となり、河野勢とともに、宇都宮豊綱《うつのみやとよつな》の大洲《おおず》城《じょう》（愛媛県大洲市）を攻落した。このことで、毛利氏の勢力圏は瀬戸内海を越えて四国に及ぶことになる。

毛利氏と大友氏は和談成立後も、緊張関係が続いていたが、永禄十一年、大友義鎮（宗《そう》麟《りん》）は、筑前《ちくぜん》に入り、立花城（福岡市東区）を攻め、同時に、豊前の毛利方の拠城も攻撃したので、伊予から凱旋したばかりの元春・隆景を先陣として九州に出陣させる。翌年には、大友氏に内応した尼子の牢人《ろうにん》らが、尼子勝久《かつひさ》を押し立てて出雲に侵入した。また、義鎮は、備前の浦上氏、能島《のしま》村上氏も味方に引き入れ、備後の神辺で一揆も起こさせている。さらに、大内輝弘《てるひろ》を援助し、周防《すおう》の秋穂《あいお》浦（山口県吉敷郡）から山口に侵入させている。これらの大友氏に内応した動きから、元就は九州からの撤退を余儀なくされ、北九州の毛利氏の勢力が失われる。

山口に侵攻した大内輝弘は、約二週間で鎮定されるが、出雲の尼子勝久らによる反乱を鎮めるにはやや時間がかかり、元亀元年（一五七〇）には、輝元・元春・隆景がともに出雲に出陣することになる。出雲滞陣中の輝元は同年九月元就の病を知り、急遽、元春に後を託し、隆景とともに吉田に帰る。いったん小康を得た元就であったが、翌年六月十四日に郡山城において病没した（享年七五歳）。元就卒去後も、情勢は毛利氏に有利に展開し、八月には出雲の尼子勢は壊滅し、尼子勝久らは敗走する。元亀三年には、毛利氏の勢力圏は、那波《なば》（兵庫県相生市）・坂越《さごし》（同赤穂市）など、播磨《はりま》の海岸部にまで及んでいた。

元就没後—毛利家と天下の情勢

元就には天下の覇権を望む思いはなかったと考えられるが、輝元は、織田信長《おだのぶなが》に反抗しようとする将軍足利義昭《よしあき》の意向により、否応なく対決を迫られることになる。天正四年（一五七六）七月、輝元は、反信長勢力の石山本願寺顕如《いしやまほんがんじけんによ》と結び、大阪湾頭木津《きづ》川口で、織田方の水軍を破り、摂津《せっつ》石山の本願寺に兵糧を入れることに成功している。天正六年には、羽柴秀吉《はしばひでよし》勢を退け、尼子勝久・山中幸盛《やまなかゆきもり》らが守る播磨上月《こうづき》城を陥落させ、尼子勝久を自刃させている。しかし、その後は、毛利方に不利な情勢が重なり、織田方秀吉軍に備中まで侵入されてしまう。備中高松城（岡山市北区高松）は、秀吉の水攻めにあい陥落寸前であったが、織田信長が本能寺《ほんのうじ》の変で横死《おうし》したことが伝わり、秀吉は、急遽、毛利方と講和して上方にとって返した。この時、追撃しなかったことで、毛利家は豊臣政権下で生き残ることができたと、隆景は考えている。

豊臣政権下では、安芸・周防・長門・石見・出雲・備後・隠岐および伯耆国三郡・備中国内など一一二万石が毛利領とされた（天正十九年検地後）。秀吉が、文禄、慶長と二度にわたり朝鮮に出兵した折には、輝元、隆景、秀元、吉川広家《ひろいえ》らが渡海して出征軍として戦っている。慶長二年（一五九七）には、輝元は、徳川家康《とくがわいえやす》、前田利家《まえだとしいえ》らとともに五大老に列せられ、翌年の秀吉の死去にあたっては秀頼《ひでより》の輔佐を遺託される。

関ヶ原の戦いで、輝元は西軍の総大将として大坂城に入ったが、広家は西軍の不利と見て、黒田長政《くろだながまさ》を頼り、徳川方と内通、毛利一門の筆頭である福原広俊《ふくはらひろとし》と相談し、輝元に無断で、慶長五年九月十四日、徳川・毛利両氏間の和議を成立させた。黒田長政・福島正則《ふくしままさのり》・本多忠勝《ほんだただかつ》・井伊直政《いいなおまさ》が毛利氏の領土保全を約束したことから、翌十五日、毛利の大軍は動かず、戦闘に参加しなかった。大坂城にいた輝元は、十七日になって和議の報告を受けたが、領国が保証されることを信じ、説得に応じて二十五日大坂城を退去した。しかし、

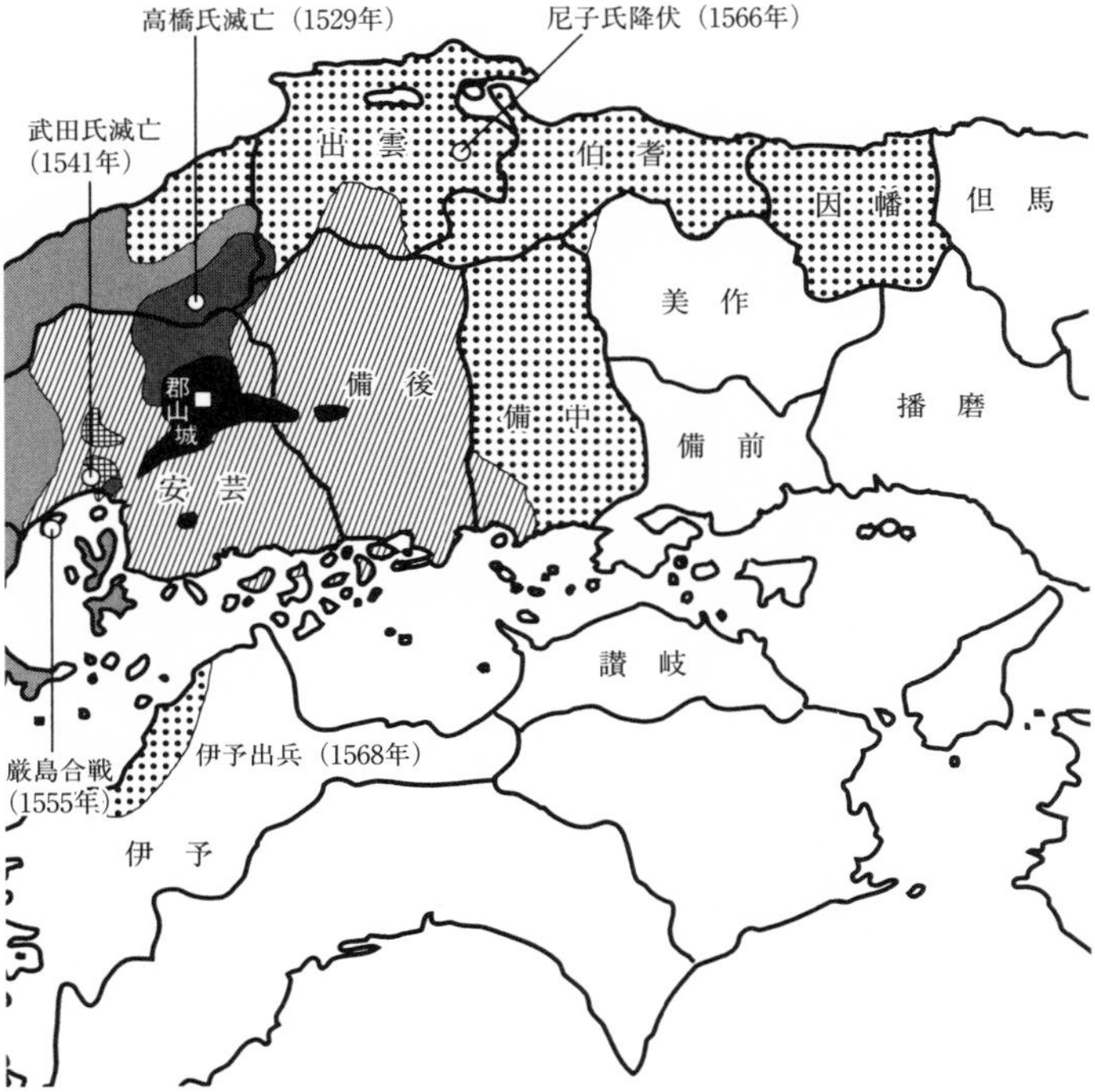

（『毛利元就展』図録をもとに作成）

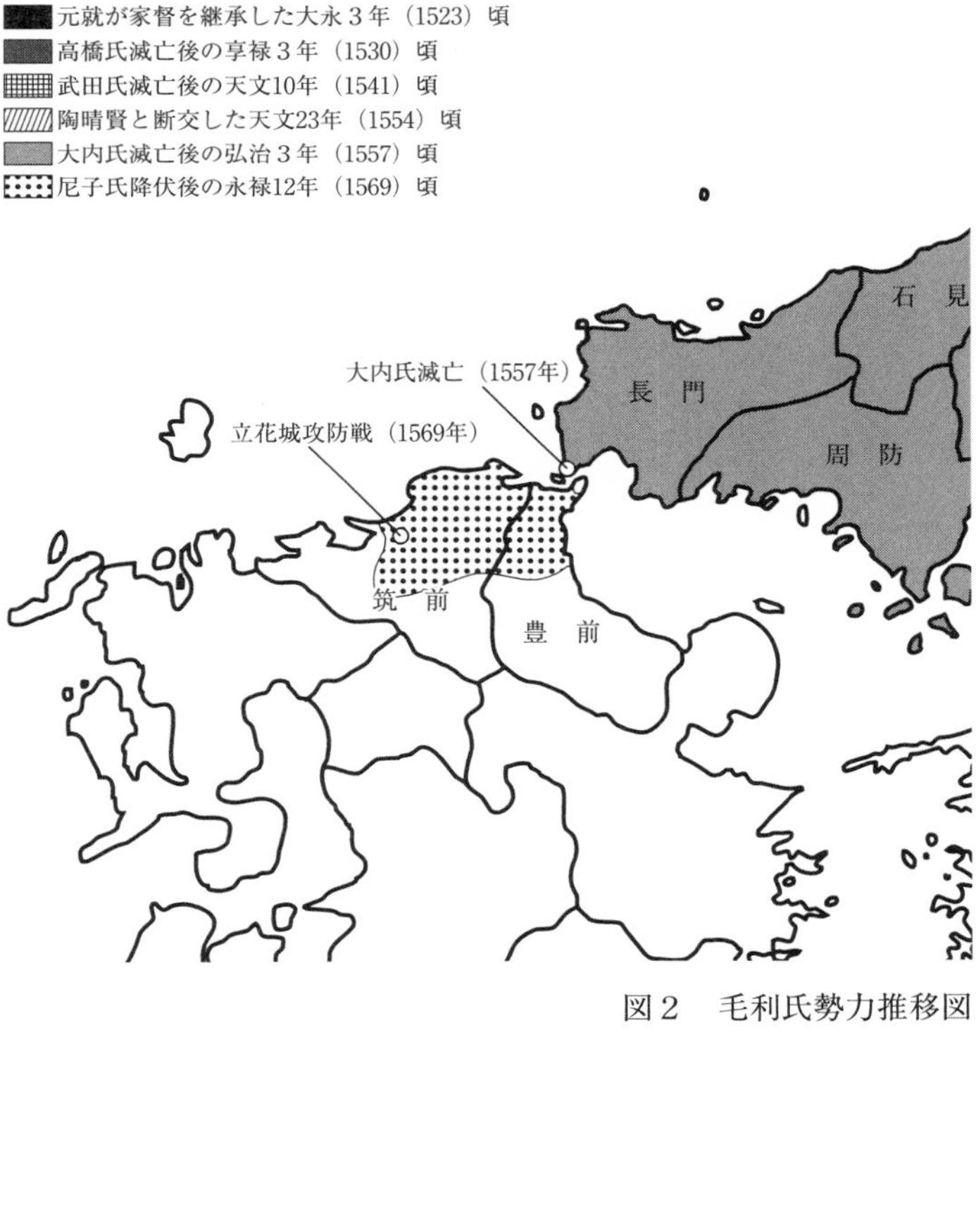
元就が家督を継承した大永３年（1523）頃
高橋氏滅亡後の享禄３年（1530）頃
武田氏滅亡後の天文10年（1541）頃
陶晴賢と断交した天文23年（1554）頃
大内氏滅亡後の弘治３年（1557）頃
尼子氏降伏後の永禄12年（1569）頃
石　見
長　門
周　防
大内氏滅亡（1557年）
立花城攻防戦（1569年）
筑　前
豊　前

図２　毛利氏勢力推移図

家康は前言を翻し、輝元の責任を問い、防長二ヵ国への減封《げんぽう》を言い渡す。同年十月に輝元は剃髪《ていはつ》し（法号は宗瑞《そうずい》あるいは幻庵《げんあん》）、家督を嫡子秀就《ひでなり》に譲るが、秀就はまだ幼く（六歳）、長く当主権限を代行した。慶長九年、長門国萩の指月山《しづきやま》に城を築き、入城した。

以上、毛利氏が、安芸国の国人領主から、中国地方随一の大名となったが、織田、豊臣、徳川の覇権争いに巻き込まれ、その領土の多くを失い、周防長門二ヵ国に減封されることになった経緯についてたどってみた。

書状の魅力

書状の内容を理解するためには、その書状が発信された背景や事情を把握しておくことが重要であるのはいうまでもない。一方、書状は、当事者間で既知の事柄は省略してしまうものであり、後代の我々からは事態を理解しがたい場合もある。また、発信の年月日すら明記されないものも多く、発信人や宛先さえもよくわからない例もあり、書状の発信された経緯《いきさつ》や当時の状況を明確に把握できない場合も多いのである。それでも、書状には、公的記録とは異なり、書き手の〝生の思い〟を知ることができるという魅力がある。

右のような書状の魅力を味わうために、ここでは、毛利元就、隆元、輝元三代に関わった女性たちに焦点を当て、その動向から、毛利家内の人間関係を探り、毛利家の家庭事情、家族観といったものを考えてみようと思う。

本書では、書状の引用にあたって、原則として現代語訳に改めた。また、約五〇〇年前に生きた人々の息づかいを感じられるように、必要に応じて書状本文を併記した。現代語訳のみの場合も、書状の叙述を反映させるよう努めた。扱う書状は、『毛利家文書』（以下『毛』）を中心に、『吉川家文書』（以下『吉』）、『萩藩閥閲録』（以下『萩』）などに収載されるものに加えて、『広島県史』『山口県史』などに収載されるものも適宜利用する。

残されている書状を丹念に読み解くことによって、毛利家の女性たちが、どんなことをどんな風に感じていたのかを探るとともに、彼女たちが、毛利家の中でどのような立場にあったのか、どのような役割を担っていたのか、そして、どのような人間関係を築いていたのかを身近に感じつつ、繙《ひもと》いてみたい。

毛利元就と妻室

元就の正室

本書では、元就《もとなり》、隆元《たかもと》、輝元《てるもと》の周辺の人々について、やや狭い範囲で考えてみることにするが、やはり元就から輝元に至るまでの家系について、大まかに把握しておく必要があろう。そこで、略系図（『江氏家譜《ごうしかふ》』『近世防長諸家系図綜覧』などにより作成）を図3として示した。

図3によって、毛利家の人々の家系上の位置は、およそ見てとれる。本章では、六八頁以降で取り上げる元就継室中の丸、隆元正室尾崎局《おざきのつぼね》、輝元代の妻室を除き、その他の女性について、書状から読み取れる範囲で紹介しておきたい。

妙玖の出自

毛利元就正室（法名　成室妙玖《じょうしつみょうきゅう》）は、安芸国大朝新庄《おおあさしんじょう》小倉山《おぐらやま》城主吉川《きっかわ》伊豆守藤原国経《くにつね》の娘とされている。実名はわかっていない。元就が書状で、法名の妙玖と呼んでいるので、その名で呼ばれている。清《すが》神社（広島県安芸高田市吉田町）蔵、天文二年（一五三三）六月の社殿造立棟上げ札に「大旦越《だんおつ》丁巳《ひのとみ》歳」つまり元就とともに「女大施主己未《つちのとひつじ》歳」とあるのが、元就の妻であると考えられ、その記載から明応八年（一四九九）の生まれであることがわかっている。

元就は、妙玖との間に三男三女を設けている。長男隆元（大永三年〈一五二三〉生）、次男元春《もとはる》（享禄三年〈一五三〇〉生、のち、新庄吉川家を継ぐ）、三男隆景《たかかげ》（天文二年生、のち、小早川《こばやかわ》家を継ぐ）、女子（甲立五竜《こうたちごりゅう》城主宍戸隆家《ししどたかいえ》室）、このほかに女子二人がいる。このうち、二歳で高橋家に養女となった女子は、長男の隆元より年長である可能性がある（『毛』一九一「毛利弘元子女系譜書」）。長男隆元は、大永三年に誕生しているので、元就との婚姻は、この年より数年前のことと考えられる。

妙玖は、天文十四年十一月晦日《つごもり》、芸州吉田で亡くなった。四七歳であった。嫡男の隆元は、その時、二三歳であり、まだ家督相続はしていなかった。

元就は、亡き妻の菩提《ぼだい》を弔《とむら》うために、郡山《こおりやま》城内に妙玖庵を建て、朝夕の念仏のための

図3　毛利氏略系図

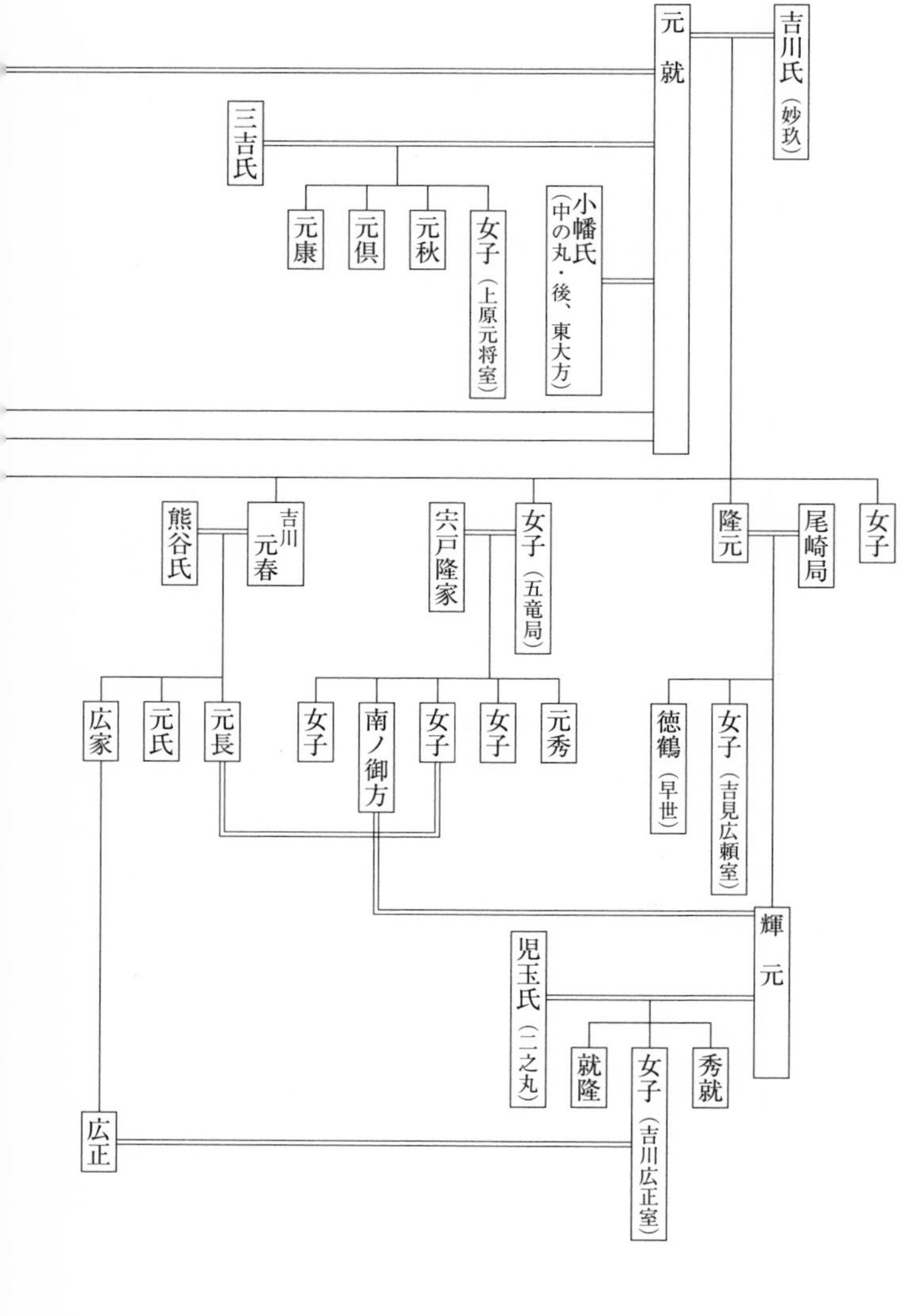
吉川氏（妙玖）
元就
三吉氏
小幡氏（中の丸・後、東大方）
元康
元倶
元秋
女子（上原元将室）
女子
隆元
尾崎局
吉川元春
熊谷氏
女子（五竜局）
宍戸隆家
徳鶴（早世）
女子（吉見広頼室）
広家
元氏
元長
女子
南ノ御方
女子
女子
元秀
輝元
児玉氏（二之丸）
就隆
女子（吉川広正室）
秀就
広正

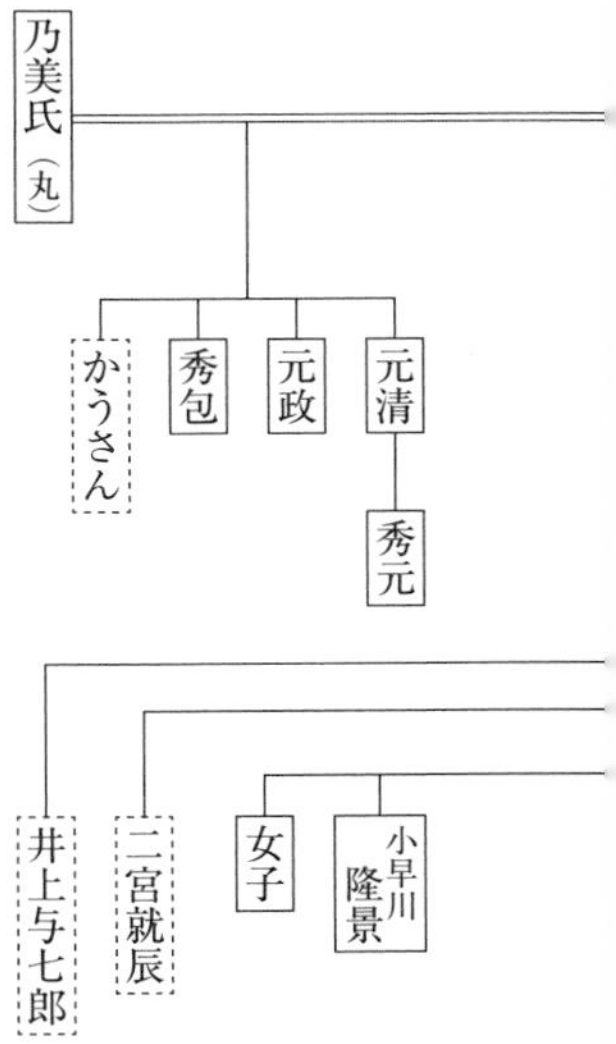

※［破線枠］＝『江氏家譜』『近世防長諸家系図綜覧』などに未記載

寺僧を置いた（『毛』四二二）。隆元も、「毎夜暁時に起き、亡母のために百返、自分のために二百返、計三百返念仏を唱えている。その時、目の前に置いて拝みたいという思いでお願いしている」と、立雪《りっせつ》（竺雲恵心《じくうんえしん》）に阿弥陀《あみだ》尊像を描いてほしいと依頼している（『毛』七六〇）。

妙玖の書状も妙玖あての書状も現存していないため、彼女がどのような人物であったのか、毛利家の中でどのような役割を果たしていたのか詳しくはわからない。河合正治氏は、「元就が亡妻妙玖のことのみしのばれると子供たちに訴える心底を疑うことはできないが、妙玖の想い出を呼びおこすことによって、一族団結をはかろうとする下心があったこともいなめない」（「毛利一門団結のシンボル妙玖」）としておられる。そこで、元就が、書状の中で妙玖をどのように描き出しているのかを見ておきたい。

元就の三子教訓状

毛利元就が一門団結のシンボルとして妙玖を引き合いに出したと河合氏が考えられるのは、世に「三子教訓状」として知られる書状（『毛』四〇五）の記述によるところが大きい。この書状は、弘治三年（一五五七）「霜月《しもつき》廿五日」、元就が、長男隆元、次男元春、三男隆景にあてて認《したた》めたもので、元就は、一四ヵ条にわたって細々《こまごま》と家を保つことの重要性と、そのための心得について説いている。その長さは、二八五・四センチにも及ぶ。かなり長文ではあるが、元就の思いを知るため、一部を次に掲げてみる（概略に留めたところもある）。（　）内は、条項の通し番号である。

（上略）

三人の心持ちは、このたび、いよいよ叶っているように申されたこと、まことに嬉しい限りで、この上なくめでたいことです。

【三人の心持の事、今度弥《いよいよ》然《しか》るへく申し談せられ候、誠に千秋万歳、大慶此事候〳〵】

（この一文は、息子たちが、三人の心持ちのことを、「申談」、つまり、協議したことに対して、元就が、喜び、大いに満足している意を表しているものである。具体的にどのような

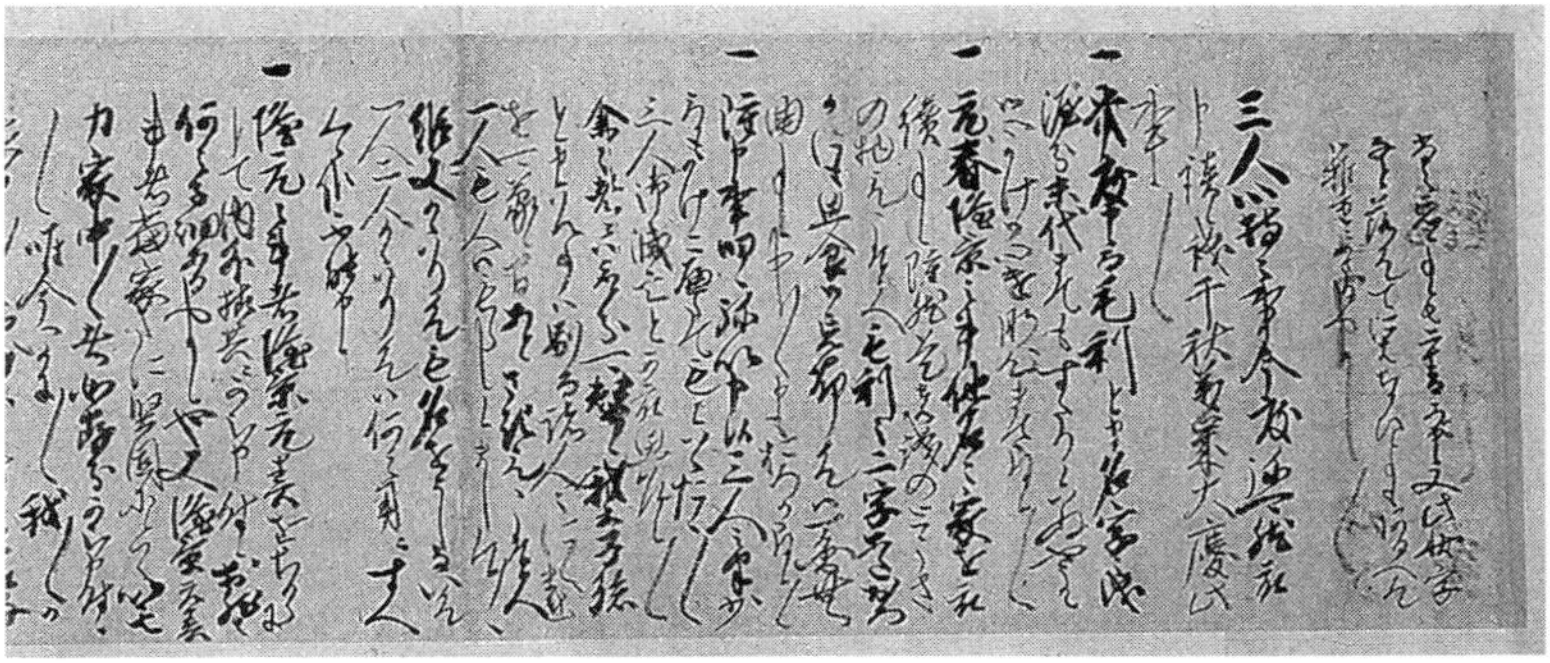

図４　毛利元就自筆書状（三子教訓状『毛利家文書』405，毛利博物館蔵）

協議の場が持たれて、どのようなことを元就が聞いたのかは不明であるが、たとえば、年月日は未詳の下書ながら、隆元自筆の「毛利隆元吉川元春小早川隆景連署状案」〈『毛』五四六〉が、参考にできる。この書状がどの時点で書かれたものかわからないため、三子教訓状より前なのか後なのか確定はできないが、三人が、疎意隔意なきよう申し合わせ、互いの家を長久保つ覚悟であると認めている）。

(1)一　何度も言いますが、毛利という名字が末代までも衰えないように力の及ぶ限り、心がけ、気遣いすることが重要です。

【幾度《たび》申し候て、毛利と申す名字の儀、涯分《がいぶん》末代までも（廃）すたり候ハぬやうに、御心かけ、御心遣肝心までにて候〳〵】

(2)一　元春と隆景は、他家を継いでおられるが、これはさしあたりのことです。毛利の二字をゆめ粗略に思い、忘却されるようなことがあれば、まったく情けないことであるのは、もちろん申すまでもありません。

【元春隆景の事、他名の家を続《つ》かれる事候、然ると雖も、是は誠のとうさ《（当座）》の物ニてこそ候へ、毛利の二字、あたおろか《（疎）》にも思《おぼ》し食《め》し、御忘却候てハ、一円曲《いちえんきょく》無き事に候、中〳〵申すもおろか《（疎）》にて候〳〵】

(3) 一　以前から言ってきたことは古くなっていますが、改めて申します。三人の仲に少しでも「懸子隔て」（隔て心）があれば、三人とも滅亡すると思ってください。（中略）たとえ家を保ったとしても、家名を失って、一人二人が存続しても何の役に立つとも思われません。それは言うまでもないことです。

【申し事旧《ふ》り候と雖も、弥《いよいよ》以て申し候、三人の半《なかば》、少しニてもかけこ《（懸子）》へた《（隔）》ても候ハ、、たゝ〳〵三人御滅亡と思し召《め》さるへく候〳〵、（中略）縦《たとい》又かゝハり候ても、名をうし《（失）》ない候て、一人二人かゝハり候てハ、何の用ニすへく候や、申すに能《あた》はす候、】

(4) 一　隆元は、隆景と元春を頼りにして、内外の一切のことを申し付けなさい。そうすれば、何の支障がありましょうか。また、隆景と元春は、当家（毛利の家）こそが堅固であれば、その力をもって、自分（吉川家・小早川家）の家中の者を存分に治められるのです。今、どんなに自分の家中を存分に治められると思っていても、もし、毛利の家が弱くなってしまえば、人の心持ちは変わってしまうということを、二人とも、よくわきまえることが肝要です。

【隆元の事は、隆景元春をちから《力》にして、内外様《ないげさま》共ニ申し付かるへく候、然るにおいては、何の子細あるへく候や、又隆景元春の事は、当家たに堅固に候ハヽ、其力を以て、家中〳〵は存分の如く申し付かるへく候〳〵、唯今いかに〳〵我〳〵か家中〳〵存分の如く申し付け候と存せられ候へとも、当家よハ《弱》く成り行き候はは、人の心持相替るへく候条、此両人におゐても此御心もち肝要候〳〵】

(5)一　先日も言ったように、元春と隆景が隆元の意志と違うことがあっても、隆元は、親心をもって辛抱しなさい。また、隆元が二人の思いと違うことがあっても、元春と隆景は、隆元に従うのが、長幼の順の義なのです。もし、二人が（他家を継がずに）この家に居るとしたら、福原や桂といった親類衆と上下になって、何としても隆元の命令に従わなければならないのですから、現在、他家を継いでいるとしても、ただただ心中では、そのことを肝に銘じ、遠慮があるべきです。

【此間も申す如く候、元春隆景ちかひ《（違）》の事候へとも、隆元ひとへ《（偏）》ニ〳〵親気を以て毎度かんにん《（堪忍）》あるへく候〳〵、又隆元ちかひ《（違）》の事候へとも、両人の御事は、御したかい《（従）》候ハて順義に叶ふへからす候〳〵、両人の事ハ、爰元《ここもと》ニ御入り候はは、まことに福原桂なとうへした《（上下）》ニて、何と成るとも、隆元下知ニ御したかひ《（従）》候ハて叶ふましく候間、唯今此如く候とても、たゝ〳〵内心ニハ、此御ひツそく《（逼塞）》たるへく候〳〵】

(6)一　孫の代までもこの教えを守ってほしい。そうであれば、毛利、吉川、小早川の三つの家は、何代でも保つことができる。

(7)一　亡き母（妙玖）へのあなた方の供養も追善も、これに過ぎるものはありません。【妙玖ゑのミな〳〵《（皆々）》の御とふらい《（弔）》も、御届も、是ニしくましく候〳〵】

(8)一　三人とも私と同じ気持ちで、その一代の間は、五竜も夫の宍戸隆家も、三人と同様に大切に思ってほしい。

(9)一　その他の子どもたちは、それぞれの力量に応じた処遇をしてほしい。成人していっぱしの人物になれば、その者を憐れんで、遠い所にでも領地を与えてほしい。もし、愚か者であれば、どのような扱いと定めてもよい。何の異存もない。ただ、三人と五竜（隆家）の仲が少しでも悪くなれば、私に対する不孝の限りなのです。一向に他のことはありません。

【三人と五竜の事ハ、少しもわるく《（悪）》御入いり候はは、我々ニたいし《（対）》候ての御不孝迄候〳〵、更に別無く候〳〵】

(10)一　私は思いの外、多くの人を殺してしまったので、いずれ、その因果の報いを受けるであろうと思っている。それゆえ、各々方も、このことを十分心して、身を慎むことが大切である。

(11)一　元就は、武勇も、度胸も、知恵才覚も人より優れているわけでもないのに、どういうわけか、戦乱の世をすり抜けてこられた。一日でも早く、現世にあって残りの人生を楽に過ごし、心静かに後世を祈りたく思っているが、無理だろうか。

(12)一　私が一一歳の時、多治比《たじひ》猿懸《さるかけ》城のふもとの土居にいる折、旅の僧がやってきて、念仏の奥義を説く講が催された。その時、大方殿（元就父弘元《ひろもと》の側室）と一緒に、私も一一歳にて伝授を受けた。それからというもの、毎朝、祈り続けている。特に大切に思っているので、三人も、毎朝、これを実行していただきたい。

(13)一　私は厳島《いつくしま》を大切に思う気持ちがあり、長い間信仰してきた。折敷畑《おしきばた》の合戦の時も、敵船に不意に襲われた時も、厳島のご加護で大勝利を得られたと思っている。

だから、皆も、厳島神社を信仰することが大切である。

⒁一　これまでずっと言っておきたかったことを申した。これ以外には、何もない。

毛利・吉川・小早川三家の団結

長男の隆元は、天文十五年（一五四六）四月から翌十六年六月頃までの間に、元就から家督を譲られているが（秋山伸隆「毛利隆元の家督相続をめぐって」）、元就は、その後も隆元の後見を続けていた。しかし、この書状の書かれた同じ年、弘治三年（一五五七）八月には、隆元が元就の隠居に反対する書状を書いているので（『毛』六六〇）、この頃には、隠居を意識しはじめたということであろう。本状の第一一条にも、そろそろ楽になりたいと書いている。この時点で、次男元春は吉川家を継ぎ、三男隆景は沼田小早川家を継いでいた。天文二十二年には、隆元の長男幸鶴丸《こうつるまる》（輝元）が生まれている。元就は、弘治元年には、厳島で陶晴賢《すえはるかた》を自刃《じじん》に追いやり、翌二年には、石見《いわみ》銀山を支配下に置き、同三年には大内義長《おおうちよしなが》を自刃させている。そのような情勢の中で、自らの進退について考えはじめた元就が、三人の息子に毛利家を永代存続させるための要諦《ようてい》を示したものである。

毛利という名が「末代までもすたり候ハぬ」ことが元就の最も望んでいることで、以下、そのための「心遣」を具体的に示している。そこで大きな比重を占めているのは、毛利家を嗣いだ隆元と他家を嗣いだ隆景、元春の緊密な協力が必須であること、特に、毛利家当主である隆元にはいかにあっても従うべきであるということである。その根底には、第三条、第四条の傍線部の発想があろう。三人の間柄に、少しでも疎意があれば、ただちに三人ともが滅亡する、隆景も元春も毛利の家が確かな力を持っていればこそ、その力によってそれぞれの家を存分に治められるのだと説いている。また、宍戸に嫁いだ五竜と合わせて四人の間柄が良好であることが、亡き母妙玖と父元就への供養であり孝行であると情にも訴えている（第七条）。

妙玖の家中における役割

この書状に続いて、追伸とも思われる書状が収載されている。宛名は「隆元又まいる」とあるが、実質的には三人の息子にあてたものである。これも、次に内容を一部紹介しておく（『毛』四〇六、書状原文省略）。

先の書状の中で申すべきところではありますが、このことは重要なことです。恐れ多いことですが、三人のためには、守りともいえ、何にも勝る事柄です。だから、別紙に認《したた》めることにします。①三人の間柄が、ほんの少しでも悪くなって行き、お互い悪く思われるようなことがあれば、即刻、滅亡と思ってください。目下の当家のためには、別に守りも熟慮も必要ありません。ただただ、このことを確実に受けとめて、あなたと二人のためだけではなく、子どもの代までの守りとして思い定めてください。このこと（三家が一致団結して協力すること）は、「張良《ちょうりょう》の兵法書」一巻よりも勝るものなのです。今のように毛利、吉川、小早川の三家が無二、つまり一つに結束していれば、安芸国内で不意を突かれて攻められ敗れることもないでしょうし、他家や他国の脅威もさしたることではありますまい。

(1)(2)省略)

(3)

②三家が今のように一つにまとまっていれば、この毛利の家中は、あなたの思いのままだし、小早川の家中は、隆景の思いのままだし、吉川の家中は、元春の思いに任せてよいのです。もし万が一、少しでも悪くなれば、まずは、家中の者から見くびられ、物事が全くうまくは運ばないでしょう。だから、ひたすら当家をはじめとして、三家の秘事は、このこと（三家無二の団結）に尽きるのです。（三家にとっての）「一巻の書」とは、このことなのです。③ほんの少しでも兄弟の間が険悪になる兆しが現れようものならば、滅亡の原因とお考えください。よきこと大層満足であります。

なお、妙玖がおられたならば、このようなことは仰ったであろうに、何くれとなく、私が一身に気遣いするばかりです。

「巻物の内」（先の書状の中）、あるいは「別紙」が、前に掲げた四〇五号を指していると思われる。ここで、元就が隆元に対して再度念を押しているのは、傍線部①「三人の間、露塵ほともあしさま《（悪様）》ニ成り行き、わるく《（悪）》おほし《（思）》めし《（召）》候はは、はや〳〵《（早々）》めツほう《（滅亡）》と思し召さるへく候」、③「露程も兄弟間わるき《（悪）》めくみ《（芽）》も候はは、めつほう《（滅亡）》の基《もとい》と思し召さるへく候」、そして、第三条冒頭の②「三家今のことく《（如）》無二ニ候はは、此家中ハ御方の御心ニまかせ《（任）》られ、小早河家中ハ隆景存分ニまかせ《（任）》、吉川家中ハ元春所存に任すへく候」ということであろう。先に確認した四〇五号の主意を繰り返していることがわかる。このように「三家無二」であることが、「張良か一巻の書」にも勝る家を保つための「秘儀」、つまり奥義であるとしているのだが、この書状の最後に、二重傍線部「めうきう《（妙玖）》居られ候はは、かやうの事ハ申され候するに」と、妙玖の家庭内の役割について言及しているのが注目される。このことについては、他の書状とあわせて考えてみたい（後述）。

家存続のための運命共同体

さて、元就が三家の団結を説いた四〇五・四〇六号の書状であるが、元就のこの発想は、この書状より三年前の天文二十三年（一五五四）に発信されたと推定される隆元の自筆書状（『毛』六六四・六六五）にも見られる意識に通じるものである。隆元は、元就が吉見表《おもて》加勢のため下向しようとしていることに対し、「元就へ一存分申したく存し候」（元就に自分の思うところを申したい）であるため、早急に相談して決めたいと隆景に申し送っている。具体的には、「御方元春我々」つまり息子三人と、「福」（福原貞俊《ふくはらさだとし》）や「桂」（桂元澄《かつらもとずみ》）らと相談して、元就の下向を思いとどまらせることであった。その書状で、隆元は、「我が毛利家は滅亡してしまうまでのことです。そのような事態は、浅いことではありません（重大なことだ）。我が家が力を失うことがあれば、あなたの御家（小早川家）、吉川家、三家は、即刻失われてしまうまでなのです」と書いている。

隆元が是が非でも元就の進発を留めたかった理由は、陶晴賢《すえはるかた》への疑念や後顧《こうこ》の憂い（元就下向と聞けば尼子《あまご》方が備後《びんご》境を狙うであろうこと）があり、元就が下向した場合、毛利家が滅亡の憂き目に遭うかもしれない、毛利の家が力を失えば、「御家」（小早川家）、「吉家」（吉川家）を合わせた三家は、即刻滅びてしまうであろうということであった。

六六五号は、福原貞俊（毛利の親類衆の筆頭で、毛利家の重臣。元就生母は、福原氏の出）あてで、隆元は、「先日も申したとおり、元就を安泰か否かを考えずに下して、抜かれてしまえば、当方のことは、甲斐のない話ではありますが、ただちに、小早川吉川当方の三家が無力となりましょう。隆元が下れば、たとえ抜かれたとしても、当家は、せめて元就だけでも残っていてくださるのであれば、何とかして家を保っていけると思います。このことについて、どのようにお考えでしょうか」と書いている。元就が敗戦でもしたら、この家も、小早川も吉川も大変なことになってしまう、自分が下れば、たとえ殺害されても、毛利の家には元就が残っているのだから、家を保つことはできると言っているのである。

これらの書状からは、隆元が、元就を喪《うしな》えば、毛利家は滅亡の憂き目に遭ってしまい、毛利の家の滅亡は、すなわち、小早川、吉川の家の滅亡に直結するのだと考えていること

図5　毛利元就御座備図（萩博物館蔵）

が見て取れる。隆元の主意は、毛利家の存続には、自分ではなく、元就こそが必要不可欠であるということなのであるが、小早川家も吉川家も、毛利と運命共同体なのだという、三家を一つの大きな括《くく》りとして一体のものと捉える意識が表れている。

逆にいえば、毛利の家があってこその小早川家であり、吉川家であるということなのだが、このような隆元の発想が、のちの元就の「両川《りょうせん》体制」（吉川、小早川家の二つの「川」が毛利家を補佐する）提示への契機となったのではないだろうか。紹介した二通からは、隆元の意向を承け、隆景、元春、福原貞俊、桂元澄らが、元就を説得したであろうことが容易に想像できる上に、その理由として、毛利家の安泰が、小早川、吉川両家の安泰を保証するのだということがあげられたであろうことも、同様に想像できる。ただ、元就は、この説得には応じていない。

『毛利家文書』は、年月日未詳の書状が多く、断定はできないものの、推定できる範囲では、「三子教訓状」以前に、元就がこのような発想に基づく存念を認めた書状は見いだせない。隆元の統領としての器量への不安に加え、隆元自身の危惧と相まって、隆元を補佐する必要性を痛感させられた元就が、「洞（うつろ）」（一族、一門）の「かかはり」（家を保つこと）のため必要な点を折々に示しておかねばならないと思い定めたのではないかと考えられる。

ここまで、長くなってしまったが「三子教訓状」で、元就が、妙玖についてどのように言及しているのか具体的な叙述を確認するとともに、この書状の発信された背景を見てきた。元就がこの書状で強調した「三家無二」は、毛利家三代の家族関係を規定する発想となったと思われるので、やや詳しく紹介しておいた。

亡き母は子どもたちの象徴的存在

それでは、この他の書状で、元就が妙玖について、どのようなことを書いているのか、見てゆきたい。

「豆州《とうしゅう》」(妙玖の兄弟である吉川経世《つねよ》)からの愁訴に関わる隆元あて書状では、経世への配慮(ここは、元春を吉川家に迎え入れた功労者である吉川経世と森脇和泉守祐有《すけあり》への恩賞のことを指す)は、妙玖の思いに添うことで、妙玖への供養になるのだから、心して実行するようにと言っている(『毛』四二二)。次の『毛』四二三号でも、同様に、些細な事柄としながらも、妙玖への志にもなるからと経世の訴えについての配慮を求めている。これらは、子どもたちに理解を求めるために妙玖の名を出している単純な例といえる。

次いで、『毛』五四四号を読んでみよう。この書状は、『毛利家文書』の収載順から、「三子教訓状」より後のものではないかと推測される。元春と「五竜局」(宍戸隆家に嫁いだ元就娘）との間柄についての隆元への元就自筆返書である（書状原文省略）。

五竜局と元春の間柄についての件、そのことです。元春は、分別が行き届かないと内々思っていて、このことについては、情けないことと思っています。妙玖も草の蔭で私と同じように思っているでしょう。だから、隆景に言わせようとの旨、承知しました。もっともなことです。隆景に親しく談話すべきでしょう。あなたの方からも、元春に、先ほど、私に示されたように仰るべきです。あなたの仰せのように、こちら（毛利家にとって）では、手近な味方としては、誰でもよいということではありません（宍戸をおいて他にない）。（中略）　くれぐれも元春のことは、懇切に承ることこそ喜ばしく思います。毛利家にとっての内々の力としては、（宍戸家より）別のことはあってはならないことです。ご分別の趣旨は、まったくもって当然と思っています。

（追伸）なお、現に元春も分別しているのではないかと思います。隆家の心持ちはどのようであろうとも、さして必要ありません。五もじ（五竜局）と疎遠になってはならないということです。また、五もじは女性であるため分別も悪いでしょうが、これについても、気にかけず分別するべきことは、妙玖と私への孝行であるというのです。あなたからも隆景に仰ってください。

ここで、元就は、戦略上の宍戸との関係の重要性を説いている。省略した部分では、父、弘元《ひろもと》は、宍戸とは交誼を通じておくことが重要であると「申し置かれ」れたのに、兄の興《おき》元《もと》は宍戸と合戦に及ぶ事態となり、「其保《そのたもち》なく」、「弘元ゆい言むなしく」なってしまったが、自分は、宍戸との交誼を重要と思い、復活させたのだと書いている。それゆえにこそ、元春と宍戸隆家室である娘との不仲は、両家にとって大きな支障となりかねないので、元春に対し、隆元からも隆景からも、よく言って聞かせるようにと、隆元の考えに同意しているものである。この書状は、子どもたちの関係についての懸念であるから、亡き母親を引き合いに出しているものと解釈できよう。

しかし、元就の妙玖に対する認識は、単に子どもたちを納得させるための象徴的存在だけだったのであろうか。

父と母、それぞれの役割

ここで注目したいのが、先に引用しておいた「三子教訓状」の追伸ともいうべき隆元あて書状四〇六号と、その翌年の隆元あて書状五四三号の表現である。まず、五四三号を見てみよう（追って書き省略）。

また、これらの儀については、去年さし上げた書状を保管されて、今しがた下さいました。ほんとうに、このように一途に思い詰められて、私の書状などをよく保管され

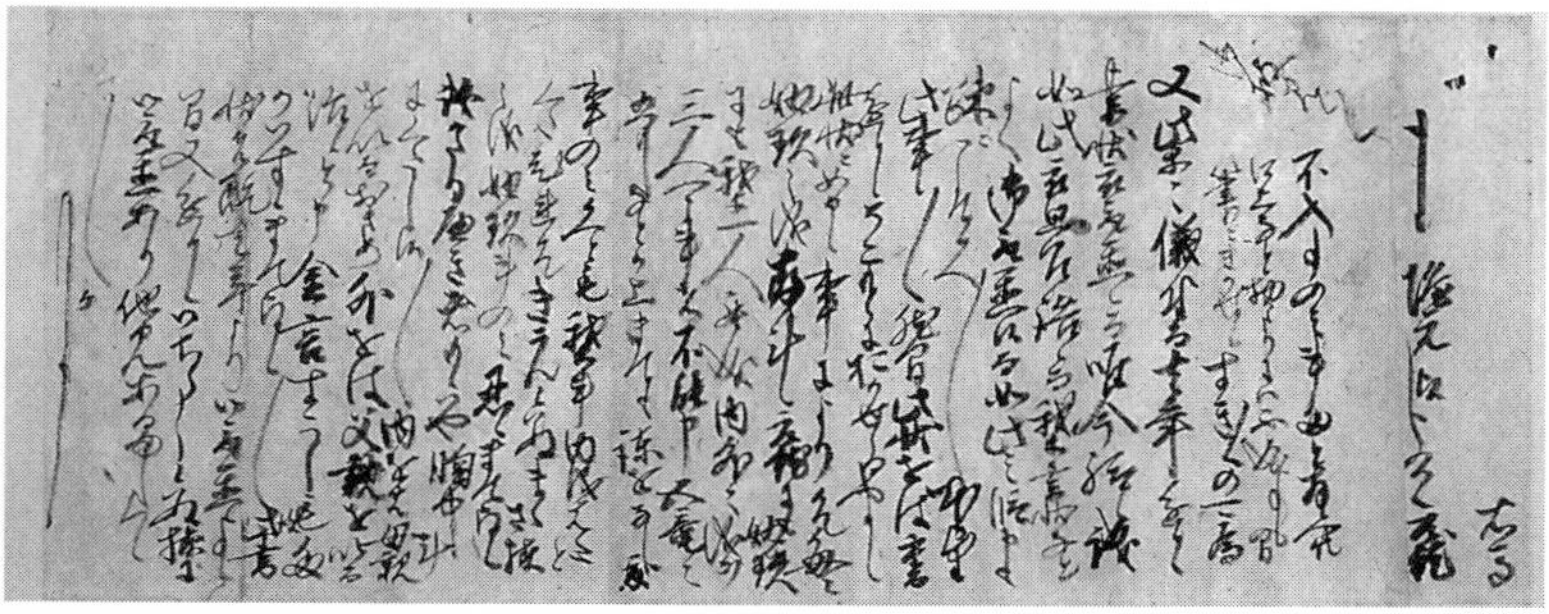

図６　隆元あて元就書状（『毛利家文書』543，毛利博物館蔵）

て、このような事柄は、言うに及ばないことです。大変満足に思っています。それゆえ、この書状をもう一度さし上げます。あなたの所に置いておかれるのがよいと思います。この書状に申したように、物事によって、しきりに妙玖のことを思うばかりです。元就にも妙玖にも、私一人になってしまい、内外の儀を三人へのことは言うまでもなく、五竜城の五もじ（娘）などにも、誡め（忠告）をしたいとのみ思うのですが、私も、内々、すっかり疲れ果てて、気力もないまま、このようなことで、妙玖のことばかり偲んでいるのです。ほんとうに、話をするべき者もいればよいのですが、胸の内だけにおさめているのです。内のことは母親が治め、外のことは父親が治めるという金言は、少しも間違ってはいないということなのです。この書状は、すでに去年から保管されているということですから、また、さし上げます。なくされないように、お手許に保管されて、他人に見せることのないようにしてください。

【又此等の儀に付きて去年進《まいら》せ候書状、取り置かれ候て、唯今給ひ候、誠に此如く思し召し詰られ候て、我等書状なとよく御取り置き候て、此如くの段、申すも疎《おろか》ニこそ候へ〳〵、本望此事候〳〵、然る間、此状をは重ねて進せ候、そこもと(其許)におか(置)せらるへく候、此状ニ申す如く候、事により候て、毎々妙玖の儀存する計候、元就にも妙玖にも我等一人に罷《まか》り成り、内外の儀ヲ、三人への事は申すに能はす、五竜の五もしなとか上までも諫《いさめ》をなしたき事のミ候へとも、我等の事、内儀はたとくたひれ(草臥)候て、きこん(気根)候ハぬまゝ、さ様《よう》の儀、妙玖の事のミ忍ひ候までにて候、誠にかたる(語)へき者も候はハや、胸中計にくたし(下)候〳〵、内をは母親を以ておさめ(治)、外をは父親を以て治め候と申す金言、すこし(少)もたか(違)ハす候までにて候〳〵、此書状は既に去年より御取り置き候事候間、又進せ候、御ちら(散)し候ハぬ様に御取り置きあり、他見あるましく候〳〵、かしく〳〵】

隆元の態度を大いに肯定し、傍線部にあるように、「去年進せ候書状」を、大切に保管し、他の者には見せぬようにせよと再び返送している。

元就は、たびたび、己の書状の破棄あるいは返却を求めている。それだけに、返却された書状を、添え書きとともに再び送り返し、「取置」を求める態度は、他の書状の場合とは異なり、隆元家に厳重に保管しておくよう特別に指示していると解釈できるであろう。

さて、「毎々妙玖の儀存する計候、元就にも妙玖にも我等一人に罷り成り」、「妙玖の事のミ忍ひ候まてにて候」などの書き様は、長男隆元に対して、亡き妻への追慕の思いを吐露している文面となっている。妙玖がいないので、「内外の儀」、「内」も「外」も、自分一人で、兄弟三人だけとはいわず、五竜にまで諫めたいと思うが、疲れ果てて妙玖のことだけが思い出されると、父親の実感として、母親の不在を嘆いている。つまり、妙玖がいれば、「内」のことは、妙玖が言って聞かせるものなのだということであり、四〇六号の「めうきう居られ候はは、かやうの事ハ申され候するに」に対応している表現なのである。

四〇六号は、「三子教訓状」の追伸ともいうべき内容である。毛利の家あっての小早川、吉川なのだから、三家が滅亡しないためには、三家無二であることが、張良の兵書よりももっと意味のある「儀」なのであると言っている。三人の息子の結束を説くために、亡き生母を利用するということは、常套手段ともいえ、それ以上の意味はないように思える。しかし、「めうきう居られ候はは、かやうの事ハ申され候するに、何まても〳〵、一身の気遣と存する計候」という一文には、兄弟姉妹が仲良くすることが願いであるという母親の単純な説諭以上の含みがあるように感じられる。元就の考える「内」は、毛利家内の家事、養育一切だけではなく、それを超越した毛利家を中心とした小早川家、吉川家、宍戸家という血族間、場合によっては家臣団をも含み込んだ「洞」を見すえ、家を「かかはり」「操《あやつ》」るという広い範囲を包括する意識で捉えたものであったのではないだろうか。

元就継室の中の丸が、輝元の養育に尽力するだけでなく、元就の家臣にも気配りし、隆景や輝元などと家臣団との橋渡し的な役割を果たしていたことも、中の丸の調整能力の高さ故だけではなく、元就の方にも、それを許容し、期待する態度があったからではないかと思われる。中の丸の毛利家内の立場や役割については、次章で述べる。

このことについては、他に傍証を見いだせないため、断定はできないが、元就の「内をは母親を以ておさめ（治）」の「内」意識から、元就が正室の妙玖に求めていた母親の役割の内実は、右のようなものであったと考えることはできるのではないだろうか。

先述したとおり、妙玖がどのような人柄であったのか、生前、毛利家でどのような役割を担っていたのかを知る術《すべ》はない。そのため、抽象的な描写に留まるが、元就の描き出す妙玖像を確認してみた。

元就の継室たち

元就には、三人の継室が知られている。元就の正室妙玖の没後、元就に嫁したので、毛利家では、側室ではなく、継室と呼んでいる。彼女らの住まいしていた場所から、元就の継室になったのは、三吉《みよし》氏、乃美氏（乃美大方《のみのおおかた》）、小幡《おばた》氏（中の丸）の順であろうと考えられている。本節では、その順に従って、紹介していこう。

三吉氏の出自

三吉氏については、元就の継室の中で、関係する史料が最も少ない。『近世防長諸家系図綜覧』では、「三吉某（新兵衛尉広隆カ）女《むすめ》」とし、『江氏家譜《ごうしかふ》』では、三吉豊高《もりたか》の女かとし、『毛利元就卿伝』では、「三吉氏は備後比叡尾山《びんごひえびやま》［三次郡、今双三郡］城主三吉［式部少輔］隆亮《たかあき》の女である［江系譜］」としている。

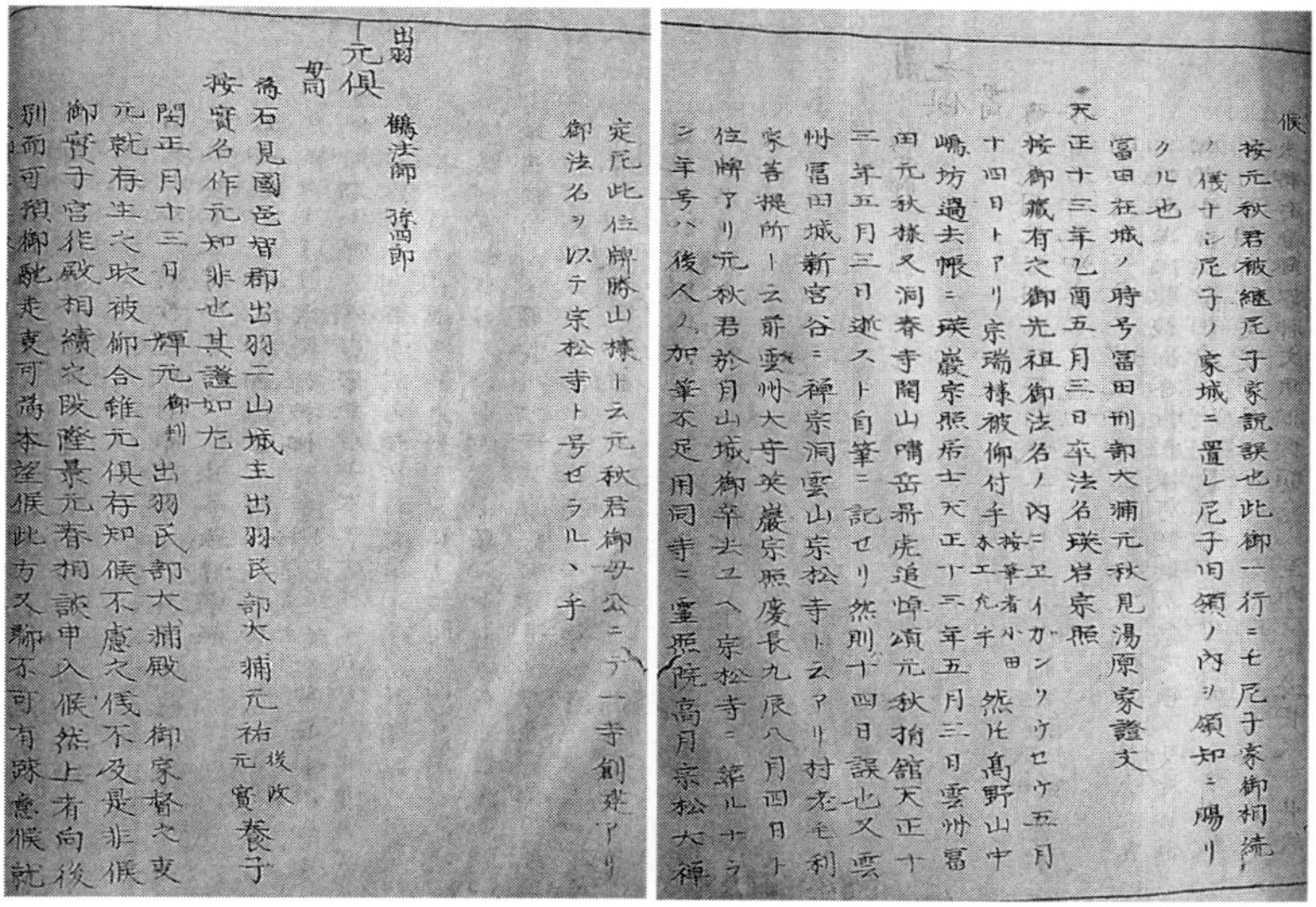

候
按元秋君被継尼子家説誤也此御一行ニ也尼子家御相続
ノ儀ナシ尼子ノ家城ニ置レ尼子旧領ノ内ヲ領知ニ賜リ
クル也
富田在城ノ時号富田刑部大輔元秋見湯原家證文
天正十三年乙酉五月三日卒法名瑛岩宗照
按御蔵有之御先祖御法名ノ内ニエイカンソウセウ五月
十四日トアリ宗瑞様被仰付手本エ允手按筆者小田然ルニ高野山中
嶋坊過去帳ニ瑛巌宗照居士天正十三年五月三日雲州富
田元秋様又洞春寺開山嘯岳鼎虎追悼頌元秋捐館天正十
三年五月三日逝スト自筆ニ記セリ然則十四日誤也又雲
州富田城新宮谷ニ禅宗洞雲山宗松寺トテアリ村老毛利
家菩提所ト云前雲州大守英巌宗照慶長九辰八月四日ト
位牌アリ元秋君於月山城御卒去ユヘ宗松寺ニ葬ルナラ
ン年号ハ後人ノ加筆不足用同寺ニ霊照院高月宗松大禅
定尼此位牌勝山様ト云元秋君御母公ニテ一寺創建アリ
御法名ヲ以テ宗松寺ト号セラル、乎
出羽
元倶　鶴法師　孫四郎
母同
為石見國邑智郡出羽二山城主出羽民部大輔元祐後改元實養子
按實名作元知非也其證如左
閏正月十三日　輝元御判　出羽民部大輔殿
元就存生之砌被仰合雖元倶存知候不慮之儀不及是非候
御實子宮作殿相續之段隆景元春相談申入候然上者向後
別而可預御馳走事可為本望候此方又聊不可有疎意候就

図７　『江氏家譜』「元秋」項（山口県文書館蔵）

三吉氏は、五男元秋《もとあき》（天文二十一年〈一五五二〉生、のち、出雲富田《いずもとだ》城主）、六男（出羽）元倶《もととも》（弘治元年〈一五五五〉生、早世年一七歳）、八男（末次《すえつぐ》・毛利）元康《もとやす》（永禄三年〈一五六〇〉生、出雲末次〈松江〉城主・富田城主・備後神辺《びんごかんなべ》城主を経て、厚狭《あさ》毛利家の祖）の母である。そのほか、「上原右衛門大夫藤原元将《もとすけ》室」の「女子」も、「母三吉某女」とされており、夫の元将は、「天正十年秀吉公中国発向の時」、毛利家に背き、京方に属している（『江氏家譜』）。

『江氏家譜』「元秋」の項に、雲州富田城新宮谷《しんぐうだに》に禅宗の洞雲《どううん》山宗松《そうしょう》寺《じ》があり、その地では、この寺は毛利家の菩提所と言われており、元秋が富田月山城《がっさんじょう》で卒去したため、この寺に葬られたのだろうという一節がある。この寺には、「霊照《りょうしょう》院高《こう》月《げつ》宗松大禅定尼《だいぜんじょうに》」「勝山様」とある位牌があり、それが元秋の「御母公」で、一寺を創建したので、彼女の法名から宗松寺と号したと付記している。この寺の出版にかかる『黄龍山宗松禅寺開基毛利元秋公について』所収の藤岡大拙《だいせつ》氏「毛利元秋の生涯」によれば、三吉氏の生年は、享禄二年（一五二九）ということである。『近世防長諸家系図綜覧』は、天正十六年（一五八八）二月十九日没とするので、これらを信じるとすれば、三吉氏の享年は、六〇歳ということになる。『毛利元就卿伝』は、「生年は未詳」、「死亡の年は固《もと》より法名・墓所さへも判明しない」とするが、右によれば、三吉氏の法名は、「霊照院高月宗松」、墓所は宗松寺と考えることも可能であろう。

厳島棚守房顕への書状

「厳島野坂文書」には、「毛利元秋母つぼね消息」「毛利元秋夫人書状」などとされる書状が何通か収載されている。「戊午歳《つちのえうまのとし》」の祈念のための寄進や祈念の験《しるし》のある僧に富田まで来てほしいという棚守《たなもり》への依頼といった内容である。それらの中に、毛利元秋夫人のものとされる書状がある。次に掲げてみる（一四六一号、十一月十日付）。宛名は、棚守左近衛将監《しょうげん》（棚守房顕《ふさあき》）である。

わざわざ書状をいただき、嬉しく存じます。ことに、虚空蔵求聞持法《こくうぞうぐもんじほう》の巻数《かんず》目録をいただいたことは、まことにめでたいことと思います。ますます御神前にての御祈念のことをお願い申します。元秋から寄進した土地のことについては、何度も承りました。私は、少しも疎《おろそ》かにしているわけではありませんが、今しがたのことは、何事も私は知りません。元康への異見はいい加減であるということはありません。世間並みのことですので、元康もその程度であるべきです。行く末のことは、間違いなく、問題にしないということはありません（将来は年貢をおさめるべきと思っている意か）。詳しくは元康から申しあげるべきですので、私は詳しくは申しません。何度も申しあげますが、神前にての御祈念をお願い申しあげます。詳しくは使いの者に申しましたので、そちらから申しあげます。

（追伸）本当に、今しがたのことは、そちらばかりのことでもありませんので、その理由で、元康も申すべきです。元康も、行く末のことは適切に判断するべきですから、承知しておいていただきたいと思います。私は、少しもこのようなことは知りませんので、従ってゆくこともできません。

【　返々たゝいま（只今）の事ハ、そなた斗《はかり》の事ニてもなく候まゝ、そのゆへ（故）にてもと（元）康も

申すへく候、ゆく〱の事ハふんへつ《分別》申すへく候まゝ、その御心へ《得》候へく候、
　我々事ハ少しもかやうの事しり《知》候ハす候まゝ、御とも《伴》もならす候〱、わさと文たまわり《賜》候、御うれしく《嬉》存しまいらせ候、ことにくもん《求聞》の御くわんしゆ《巻数》給ひ候、誠ニめてたくこそ候へ、いよ〱御神せん《前》にて御きねん《祈念》の事たの《頼》ミまいらせ候、もと《元》秋よりきしん《寄進》の在所の事、たひ〱《度々》うけたまハり《承》候、我々におゐてハすこし《少》もふさた《無沙汰》なく候、たゝいま《只今》の事ハ、何事もわれ〱《我々》しり《知》候ハす候、もと《元》康かた《方》へのいけん《異見》ハおろ《疎》か候ましく候、惣なミ《並》ニて候まゝ、もと《元》康もそのふん《分》たるへく候、ゆく〱の事ハ、さため《定》てふさた《無沙汰》あるましく候、くハしく《詳》ハもと《元》康より申すへく候まゝ、くハしから《詳》す候、いくたひ《幾度》申し候ても、神せん《前》にての御きねん《祈念》たの《頼》ミ入りまいらせ候、くハしく《詳》ハ御つかい《使》へ申し候まゝ、申さるへく候、又々かしく、】

話題は、元秋の寄進した地および元康の言動についてのようである。棚守あて、十月二十二日付、毛利元康書状（一四五八号）には、富田（元秋）から寄進の地を、自分が新たに寄進したいとあり、このようなことについての棚守からの問い合わせに返信したものかもしれない。

この「つほね」の書状の直前の一四六〇号は、元康が「御祈禱の御巻数」を送ってもら

った礼を棚守左近衛将監あてに返信している「霜月十日」の書状であり、内容から見て、一四六一号と同日に届けられたものではないかと推測できる。「元秋の寄進地については重々承知しているが、元康の所行については、何も聞かされていない」という局が、元康に熟考を促し、元康自身から説明させると伝えている。こういった元康への厳しい態度を見ると、この「つほね」が元秋夫人であったとは考えにくい。むしろ、元秋、元康の生母である三吉氏だからこその叙述であるといえるのではないだろうか。

継室たちの住まい

さて、元就から「まる」（乃美氏）への「かさのほうし」の元服についての書状がある（「長府毛利家文書」七八）。「今日、「かさのほうし」が髪を切る（元服のための理髪を行うこと）ということだったのですが、四郎と六郎とが（遠慮して）麓へ下ってしまいました。除け者にしたように見えてはよくないので、早く、嵠《かさ》へ上ってこなければならないと、そちらさまから、よくよく言い聞かせてください」というもので、四郎とは穂田元清《ほいだもときよ》、六郎は天野元政《あまのもとまさ》に比定され、宛名の「まる」つまり乃美氏と元就との間に生まれた男子のことである。ここで、髪を切る「かさのほうし」は、三吉氏の子（元康）と思われ、その子が「かさのほうし」と呼ばれていることから、三吉氏は、郡山《こおりやま》城内の嵠で、元就とともに暮らしていたと推測される。この書状は、元

図８　郡山城跡空撮（安芸高田市歴史民俗博物館提供）

就が「中の丸」（継室中の丸の住まいと推察される）から発信したものであり、郡山城内の三吉氏の住まいと中の丸の住まいを知る手がかりとなるものである。

乏しい関係史料の中から、三吉氏に関する書状を読んでみた。

乃美氏（乃美大方）の出自

乃美氏（以下、乃美大方）は、四男元清（天文二十年〈一五五一〉生）、七男元政（永禄二年〈一五五九〉生、のち、右田《みぎた》毛利祖）、九男元総《もとふさ》（永禄十年生、のち、小早川秀包《ひでかね》、吉敷《よしき》毛利祖）の生母である。『毛利元就卿伝』は、「小早川氏の一族乃美〔安芸守］隆興《たかおき》の女である［江系譜］」としているが、『近世防長諸家系図綜覧』は、「乃美弾正忠平弘平《ただひらひろひら》の女、乃美大方と称す、慶長六年辛丑《かのとうし》九月十四日長州豊浦《とゆら》に於いて卒す」とする。『江氏家譜』は、元就に配偶したのは、隆興の娘ではなく、それ以前の娘であるとしている。元就の没年元亀二年（一五七一）と隆興の没年慶長三年（一五九八）との二七年の隔たりを考えても、乃美大方を隆興の娘とするには無理がある。とすれば、『江氏家譜』で、「弘平」とされている「某」の娘、つまり、隆興の姉妹ではないかと考えておくしかないだろう。

先に紹介したように、元就からは、「まる」と呼ばれており、元政が天野家を相続する際には、「御丸御曹司様」と呼ばれている（「右田毛利譜録」七）ことから、乃美大方は、城内の「まる」で暮らしていたと考えられる。

戸坂の領知に関する愁訴

「右田毛利家文書」（以下「右田」）に、乃美大方の書状と、乃美大方あてとされる書状、乃美大方の動向に触れた隆景の書状が残されている。

これらの書状から、乃美大方の動向を見ておきたい。

まず、乃美大方の書状二通は、息子の穂田元清と天野元政両名あてである。二二四号は、「こちらから改めて人を遣りたいと思っていますが、信頼できる人がいないまま、あれこれと過ぎてしまったちょうどその時」と始められるが、かなり長文のため、次に、一部を抄出してみる（書状原文省略）。

一　戸坂《へさか》のことは、元総（幼名才菊《さいきく》丸、のち、秀包）が四、五歳の時、日頼様《にちらい》（元就）が申し置かれたことで、私と井上就重《いのうえなりしげ》以外の者は知りません。（中略）戸坂を欲しいと、誰が愁訴しようと認めないようにしようとまで、（元就）が確《しか》とお話し置きになったのです。その言葉こそを頼みとしていたのです。日頼様の仰せに反するようなことになり、私はいうまでもなく、親類衆の口羽《くちば》通良《みちよし》にも丁重に仰ったゆえ、通良も（息子の）春良《はるよし》を使者として輝元に愁訴したのです。井上就重も尽力してくれて、（戸坂は）才菊が四歳五歳の時から下され置かれ領知していたのですから、このたび、隆景の力を得たといっても、私がだいたい言わなければ成り立たないことであるゆえに、一度で断りを申されて元総に返し下されたところです。本望これにすぎるものはないと思っていたのに、思いもよらず妙寿寺《みょうじゅじ》が隆景をなびかせて、隆景にさまざまなことを言っていると沼田《ぬた》（小早川家側）から聞いています。何とも突飛なことを申すとはどういうことでしょうか。そうはいっても、妙寿寺一人ではどれほどのことができましょうか。小早川の家中にそそのかしている者がいるのでしょう。用心しておくことが必要です。油断されないように。(戸坂の地は)ずいぶん長い間私が知行してきたところゆえ、元総が下ってきて協議しないほかには、誰にも渡し返すことは決してありません。

一　妙寿寺にあまりに振り回されて、輝元と隆景の仲が悪くなっては小早川家の一大事です。戸坂の地を強い気持ちで輝元が欲しがっていると小早川側が言うので、心配に思い、輝元の本心を聞かせてほしくて人を吉田に遣わしたところ、この書状のように、お返事をいただいたのでそなたにお見せします。他の者には見せてはなりません。政(元政)とそなた様のお二人でご覧になってください。決して散逸することのないようにしてください。(中略)

(追伸)隆景に対して決して遺恨はなりません。私に任せてください。(中略)謂《い》われのないことを女の身で申したと吉田(毛利家)や沼田(小早川家)でも思っておられるでしょうが、この戸坂の地は私が久しく知行していたのです。今更と申しましょうか、何ということであっても、自分は手放すことはありません。だいいち、吉田(輝元)もお取り上げになろうというお心ではないのです。たとえば戸坂の貢料を元総のことにお使いになれば、私が自分から、どれどれへでも渡します。(輝元の）書状を詳しくご覧になってください。ご覧になったら、書状は私の所へお返しください。お二人を頼みとしています。

右のように、輝元側近の妙寿寺周泉《しゅうせん》や小早川隆景に対する不満と、戸坂の領知についてかなりくどくどと念を押している。

発信は、「桜をつめより　こ」（桜尾《さくらお》城のつめ〈郭《くるわ》〉に住まいする小少将）となっている。乃美大方は元就が元亀二年（一五七一）六月十四日に卒去した後、元清の居城桜尾城（廿日市《はつかいち》市）に移ったと考えられている。元清は、天正三年（一五七五）、備中国猿懸《さるかけ》城主を兼ねることになった。天正九年の「村山家檀那帳」の「備中猿懸」の項には、「毛利治部大輔《じぶたいふ》殿（元清）」に続いて、「同御かミさま（元清妻来島《くるしま》氏）」「同大方さま（乃美大方）」「同才菊殿様（元総）」の名が記されており、乃美大方も、元総とともに猿懸城に暮らしていたようである。本書状の発信年は不明であるが、書状中に、人質として大坂に送られていた元総が、秀吉に従って出陣した（小牧《こまき》・長久手《ながくて》の戦）ことが書かれているので、天正十二年のものと考えられる。とすれば、署名から、乃美大方は、桜尾城のつめに住まいしていたということになり、猿懸城から桜尾城に戻ってきていたということになる。

元就から才菊丸（元総）に与えられた戸坂の領知の権利を強く主張してはいるが、このことで、輝元と隆景の関係がよくない方に傾くことは避けたいという配慮も示している。我が子にも、くれぐれも隆景に遺恨を抱かぬようにと念を押しているのも、毛利家中の子どもたちの立場を慮《おもんばか》ってのことであろう。それにしても、この書状の書き様は、かなり執拗である。

元清・元政兄弟と小早川隆景

続く二二五号は、途中から欠けているが、追って書きで、妙寿寺周泉の輝元や小早川隆景への態度に関しての不審を述べつつ、元清や元政に用心するよう認《したた》めているので、主旨は二二四号に近いものであったのではないかと思われる。

元清は、弟の元政に対して、次のようなことを言っている。文中に、「我等事はや廿ニ罷《まか》り成り候」とあるので、元亀元年頃の発信と思われ、右の乃美大方の書状よりはかなり前の心持ちということになる（「右田」一三六、書状原文省略）。

兄弟といっても、ほんとうにあなた様と私ほど仲の良いということもないでしょう。十分におわかりのことでしょうから、申しあげるまでもないことですが、ますます懇《ねんご》ろにしていただきたい。特に親密でいていただきたい。隆景様、元春様のことはいうまでもありません。才菊殿（元総）は、いまだ年若い。決して多くはない兄弟であり、あなた様と私だけです。なおさら、隔て心なく相談すべきです。(中略)今の世のならいとして、親兄弟の仲を言い隔てる有様《ありさま》ですから、心得のために申します。これ以降のことは、吉田のことは、物事の重要な点としてもちろんのことですが、隆景様のことを、親にも主にも思い、大小さまざまなことについて、頼みにするべきでしょう。

何度も、お互いに隔意のない関係を保つことが重要と強調している。天正六年（一五七八）発信と推定される元政あて書状（同一六二）でも、「吉田の（輝元様の）ことは申すに及びません。良きにつけ悪しきにつけ、親とも兄弟とも隆景様をお頼み申して、ひたすらご奔走されて、どのようにでも隆景様にお任せすれば、外にも内にもなりゆきはあなたのためとなるはずです」と書いている。先に触れた「三子教訓状」が書かれたと推定される弘治三年（一五五七）には、元清はまだ七歳であった。元就が「唯今虫けらのやうなる子とも」（第九条）という中に含まれていたはずで、年齢差も大きく、家庭内の立場も、自ずから隆元、元春、隆景、そして五竜局とは異なっていたということであろう。

天文二十年（一五五一）竹原小早川家を相続していた隆景が本家である沼田小早川家を継ぐ際には、乃美大方の兄と思われる乃美隆興が尽力したようで、九月二十八日付、元就・隆元の連判状《れんぱんじょう》が発せられている（『萩』巻一四「乃美仁左衛門」七）。乃美大方は、小早川是景《これかげ》を祖とする乃美家の出であるから、小早川の一族でもあるといえる。

母方の乃美氏と隆景との関係からであろうか、隆景を親とも兄とも主とも思い万事頼りにしようという心持ちを確認した元清と元政にとって、かなり時間が経っているとはいえ、生母からの苦情には、さぞ困惑したことであろう。

小早川隆景の困惑

このことに関する隆景の態度がわかる元清あて書状が同書に残されている（「右田」二二七）。日付は、五月二十八日である。

急いで申します。戸坂のことを乃美大方から郡山（輝元）へ書状をさし上げられて、また、殊《こと》の外《ほか》恨んでおられるとのことです。始終、私の扱いがますます不本意と思われているのであると、妙寿寺から言ってこられました。どうにもなりません。なんとまあ、このようになっておしまいになるとは、内にも外にも私の身にとって処理に困ることです。桜尾（乃美大方）の適切なご判断がさらりといかないとはいえ、吉田へ言上されたということは、いずれにせよ一大事でありますから、少しはご遠慮もあるべきことでしょう。何とかして内々のお考えなどを仰ってやってくださいますか。とにかく、この件についてはは今のままでは、とんでもない災いの原因となります。不愉快千万でご推察以上のことです。

（追伸）なお、あなた方に対して、本心から疎んずる心持ちなどなく、このようなことは、私の身にとって処理に困ってしまうことです。

【　猶々《なおなお》、旁《かたがた》に対し疎意無く心底を以て、此の如き一身迷惑に及ひ候〳〵、急《きつ》度《と》申し候、戸坂の儀、太方より郡山へ文進《まいら》せられ候て、又殊の外御恨の趣ニ候、初中《しょちゅう》後《ご》我等操弥曲《きょく》無く思し召さる通、妙寿寺より申し越され候、是非無き迄候、さて〳〵此如く成り下られ、内外共一身の迷惑迄候、桜尾の御分別すらりとこそ行かす候へとも、吉田へ仰せ上《のぼ》され候儀は、旁以て一大事の儀候間、ちと御用捨も有へき事候、何とそ御内証共仰せ下され候や、兎《と》角《かく》此条今の姿にては以ての外《ほか》悪事の基《もとい》候、無《ぶ》興《きよう》千万御察過き候、猶重畳申すへく候、恐々謹言、】

隆景は元清に対し、困惑の他ない、とんでもない災いを招きかねないなどとかなり強い口調で言いやる一方、追って書きでは、「疎意はない」とも言い、どう対処したものか判断がつかず途方に暮れている様子で、まさに、「迷惑」としか言えない事態なのであろう。この書状のすぐ前にも隆景の元清、元政あての書状が収められているが、それには、次のようにある（「右田」二二六）。

桜尾（乃美大方）からの書状を見せていただきました。かのものの気塞がりの病はどうしようもありません。けれどもいつものことではないのですから、重ね重ね、よくよく道理を仰って、適切に判断されるように、少しも油断なくお調べになることが肝心です。（中略）この上に、重ねて悪化しないようにしたいと思います。きっちりと、ぐずぐずと引き延ばすようなことがあってはなりません。私は身の上（境遇）の大事と考えますので、容易な事態ということはないでしょう。

【桜尾よりの文見せ給ひ候、彼御朦気《もうき》余儀も候ハす候、されとも常々の儀ともにてハ之《これ》無き事候間、幾よりもく能々《よくよく》理仰せられ候て、彼御分別行き候様ニ、少しも御油断無く御調肝要にて候（中略）此上ニ猶々そこねなきやう（損）ニ仕り度候、はたと御取り延へ有間敷候、吾等は身上の大事と存し候間、何にも相易からす候、（下略）】

追って書きには、「桜尾からの書状は、直ちにお返しする」と言っている。この書状の日付は、五月二十四日であるが、文面に「戸坂」は出ておらず、乃美大方が申し立てている事柄については、よくわからない。並べて収載されているところを見ると、同じ年の発信かもしれないが、元清、元政から乃美大方の書状を見せられたことへの返信である。もし同じ年であるとすれば、隆景の書状の発信が五月二十四日（同二二六）と同月二十八日

（同二二七）であることから、乃美大方が立て続けに、元清、元政、そして、吉田郡山（輝元）に発信したということになり、その態度には乃美大方自身の書状の執拗な書き様と通じるものがある。ただ、どちらの書状でも、隆景は、息子たちに母親の説得を指図しており、乃美大方の愁訴に対して善処する気はないようである。傍線部に隆景の乃美大方への評価がよく表れている。

末子元総の大坂方人質を憂慮

さて、乃美大方の書状が発信される前年、天正十一年（一五八三）、輝元に実子がいなかったため、元総は、吉川経言《つねのぶ》（のち、広家《ひろいえ》）とともに羽柴秀吉《はしばひでよし》に対する毛利家の人質として大坂に入った。謁見の後、経言のみ返され、元総は秀吉の元に残された。このことについて、乃美大方は、息子の身を案じ、一刻も早い帰国をと方々へ働きかけたようである。大方あての輝元、福原貞俊《ふくはらさだとし》、吉川元春の書状の内容を順に簡単に紹介しておく（「右田」二二〇〜二二三）。

三月二十二日付、毛利輝元書状は、「元総の苦労が大変なことであるのはよくわかっているから、二、三日のうちには、月々の用意や進物として金子《きんす》を送るつもりでいる。元総と誰かが人質を代わるということももっともだと思う。隆景や元春と相談する。疎《おろそ》かに思っているのではない」と書いている。三月二十八日付、重臣の福原貞俊書状では、「仰せはごもっともと思う。元総様お一人が人質として大坂に残っているべきではないという件も、隆景、元春、輝元様がご相談になって尽力されるでしょう」といったことが書かれており、乃美大方からの申し入れに困り果てている様子が見て取れる。四月一日付、吉川元春書状でも、「隆景とも相談して輝元に申しあげた。羽柴（秀吉）に従って在陣しているがそのうち、大坂に戻るであろう。もちろん私からも再々連絡はする。今は、戦に臨んでいるので心配でならないということはよくわかるが、近いうちに戻られるからご安心ください」と、なだめにかかっている。さらに、四月九日付輝元書状でも、「上方の元総から知らせがきたので、あれやこれやお知りになったことであろう。たいへん心配されていることはわかっている。羽柴へ加勢の警固の衆を上らせたし、金も元総に届けた。ご存知ないだろうが色々と手を尽くしている、元総が出陣したのだから、疎かに思うはずはない。（中略）元総が揺るぎない忠心で遠い大坂に上っていることは十分満足できることで、近いうちに帰陣され、下ってこられるであろう」と、言葉を尽くしてなだめている。そのような中に、「御そんち《（存知）》なきたんそく《（短息）》いたし候」とやや皮肉な口調が紛れ出るのも、輝元の心持ちを反映したものであろう。秀吉への遠慮もあり、乃美大方が願うように容易に物事が進められる状況ではない。我が子の身のみを案じる母親の情を、やや持て余している様子がうかがわれる。しかも、これらの書状の発信された日付は、三月二十二日から四月九日にかけてで、乃美大方が、ここでも立て続けに発信していることが推測できる。

乃美大方にとって、元総は、長子元清とは、一七歳違いの末っ子ということになる。大坂に人質として送られたことも拍車をかけたのだろうが、残されている書状からは、乃美大方が、特に元総を可愛がっている様子が見て取れる。戸坂の知行の件も、彼女自身が書状に認めているように、「元亀二年正月元就安芸国戸坂某断絶の跡を才菊丸に賜ふ」（『江氏家譜』）という事実から言えば、こちらも元総がらみの愁訴ということになる。

もちろん、現在残されてはいないが、元総本人にもたびたび書状を送ったことであろう。「厳島野坂文書」に、三月四日（天正十二年と推測される）付の小早川秀包《ひでかね》（元総）の棚守元行《もとゆき》あての書状がある（九〇四号）。「御返報」とあり棚守からの書状に対する返信であるが、「我等事去る疱瘡《ほうそう》以来以ての外《ほか》相煩ふ」（私は、疱瘡に罹って以来大変苦しみました）とあるように、元総が疱瘡に罹ると、乃美大方は、さっそく厳島の棚守に病気平癒の祈念を依頼し、その験《しるし》があったのだと知らせているらしいし、同じ書状で元総は、「大方は、ますますもって心が慰まず、独りやるせない思いでいると毎回言ってこられる」と書いており、何度も、ことあるごとに我が子に寂しさを訴えたらしいことがわかる。元総も遠く離れた生母が案じられたものであろう、棚守に配慮や世話を頼んでいる。しかし、その一方で、母親の心配を他所に、京や堺が花見遊興の時期だからぜひ上洛をと棚守を誘ってもいる。

ここまで見てきた乃美大方の言動は、やや過剰な反応という感がしないでもないが、それだけ、情の厚い愛情深い人柄であったということでもあろう。

子どもたちとの情愛

元清が、天正七年（一五七九）十月、秀吉の中国地方への侵入を阻止するため備中《びっちゅう》方面へ出陣するにあたり、戦況の困難さを見越し、死を覚悟して、輝元にあてた書状が残されている（『毛』八四七）が、その第一条で、丁寧に生母への配慮を願っている。元就の継室のことであるから、それはとりもなおさず洞春様《とうしゅん》（元就）への追善ともいえ、また、戦で命を落とすであろう自分への弔いともなると、己の亡き後を託している。元清は、これに続いて、「六郎殿（元政）」「かうさん」「我等弟才菊丸（秀包）」らの兄弟姉妹、さらに「御中の丸」についても配慮を依頼している。中の丸については、後述するが、乃美大方には、元就との間に、『江氏家譜』や『近世防長諸家系図綜覧』などに記載のない女子がいたこともわかる（秋山伸隆「毛利元就をめぐる女性たち」、「かうさん」とは別の娘がいた可能性も指摘されている）。

この書状からは、死を覚悟したからこその元清の率直な家族への愛情が読み取れる。乃美大方が特別に末子の元総を可愛がっていたとはいえ、他の子どもたちをないがしろにしていたわけではないことも元清の態度から、十分に想像できる。

続いて、元清に対する訓育の一端を垣間見ることができる二通の書状を紹介したい。まず、元清あて元就の書状をあげる（「長府毛利家文書」九三）。「四郎殿御返事」とあるので、元清への返信である。

与次（二宮就辰《なりとき》）をくださったので、庄原（家臣名・不詳）を副えて小木工《もく》（小倉元悦《おぐらもとよし》）のところへ遣りました。そなたも少々の出入りは聞いて知っておくべきです。また、すべて若い侍たちは、何事につけても勝手気ままをするものであると思っています。特別な（酷い）者たちは、こちらに内々の報告をするべきです。また、元清も一五、六歳にもなったのだから、少しは言いつけるべきであるということです。あまりにも考えが足りないということです。なお、詳しいことは、まる（生母乃美大方）から言ってくださることでしょう。

【与次給ひ候間、庄原相副へ候て小木工所へ遣し候、某元においても少々の出入をは申し聞かるへく候〱、又皆々殿原共何事ニ付てもすい（随）を仕るの由候、さ候ハんと存し候、とり《取》分の者共、此方へ内儀ちうしん《注進》すへく候、又元清においても一五六之身にて候まゝ、ちと〱申し付くへき事ニ候〱、あまりに〱存分もなき事にて候〱、
猶々、くハし《詳》き事は、丸より申さるへく候〱、かしく、】

どうやら若い家臣の所行と元清の対処に関する苦言のようであるが、元就は、詳しくは「まる」から言って聞かせるとしている。このことに対応していると思われる書状が同書にある（「長府」七九）。文面は、右の元就書状によく似ており、追って書きには、「このふミ《文》上よりわれらへ給ひ候まゝ、見せまいらせ候、御心へ《得》申され候」（この書状は上様より私に下さったので、お見せ申しあげる。そのおつもりでいてください）とある。もしかすると、乃美大方が添え書きをした上で、元就の書状を元清に見せたということなのかもしれない。先に述べたとおり、内容は家臣の所行を報告するように指示したことと、それらに対する元清の態度に関する注意のようである。元就は、このようないわば家庭内の範疇から外れる事柄でも、母親から注意を与えさせるという動きをしていることになる。ここにも、「内をは母親を以ておさめ《治》」の「内」が家庭内に留まらず家臣団にも及ぶと考えている元就の認識が表れていることになろう。

最後に、晩年の乃美大方の動向を知る書状を紹介しておこう。乃美大方の菩提寺である普賢《ふげん》寺に伝えられたものである（「普賢寺文書」）。同じ年ではないかもしれないが、日付順に並べてみた（書状原文省略）。

乃美大方の晩年

○五月二十日付　毛利秀元書状

大方様が湯治《とうじ》に出かけられて以後、書状を送っていない。湯治の効果はあっただろうか。大方様のご気分がどのようであるか様子を聞きたい。飛脚《ひきゃく》をさし遣わす。詳しく知らせてほしい。きっとご気分が回復されたであろうとめでたく思う。言うまでもないことだが、精一杯心遣いをされることが第一に必要なことである。苦労の程、重ねて（使者から口頭で）申し聞かせよう。

○六月五日付　小早川隆景書状

大方様の長々のご逗留の供は苦労であろう。早くも炎天の季節となった。なにはともあれ、おおよそ（寺社などの）ご見物は済まされたであろう。ご帰国なさるべきである。その後、書状を出さなかったので、源次（家臣・不詳）を上洛させる。大方様の御供をして帰国するのを待っている。土用の頃、万が一、大方様のお加減が悪くなってはいかがであろうか（と案じている）。（早々に帰国なさるよう）配慮が重要である。

元政からも（使者か書状で）申されるであろう。

○六月二十一日付　穂田元清書状

（前略）なおまた、大方様のご上洛の御供に参っている由、苦労をお察しする。きっとこの頃にはご下向になっていると思う。そちらでは、何事も油断なく構えていることが重要である。善右衛門（家臣・不詳）は、早々にこちらに到着したので、これもまた安心してほしい。

この三通は宛名の部分が切り取られているが、「大方」（乃美大方）の上洛に随行していた元清、秀元の家臣にあてたものと思われる。湯治と称して、上方でのんびりと温泉に浸かり、また、隆景の書き様からは、それのみでなく遊興にも時を過ごしていたようである。やや遠回しな息男元清や孫秀元に比べて、隆景はかなりはっきりと帰国を促している。

このように見てくると、乃美大方は、自分の考えをしっかりと表明できる気丈な女性であり、自分の主張を曲げない強情な面を持ちつつも、情も深かったと思われる。息子たちと良好な関係を持っていたということも推量できる。

乃美大方は、元就卒去後は元清の許に身を寄せていたが、元清に先立たれて後は、孫の秀元とともに長府《ちょうふ》に移り、長門《ながと》国秋根《あきね》村（現下関市）で没している。

本章では、元就の正室妙玖と継室三吉氏、乃美氏について、残されている書状から、彼女たちの人となりや動向、さらに毛利家内での立場などを確認してみた。

輝元代の妻室については、「毛利輝元と妻室」で紹介する。その上で、輝元自身の子どもたちへの訓戒状を読み解いてみる。

毛利元就の最後の継室

継室小幡氏

本章では、毛利元就《もうりもとなり》の継室のうち、最も遅くに元就の継室となったと思われる小幡《おばた》氏（中の丸・御東大方。以下、中の丸）に焦点を当てる。元就が彼女に送った書状を丹念に読み解くことで、元就との交流を探り、あわせて元就の子どもたちや家臣との交流から、中の丸の毛利家における役割と位置づけについて考えてみたい。

中の丸の出自

中の丸は、「其姓藤原小幡、児玉《こだま》ノ嫡家ト云伝フ、家断絶、今ニオイテハ其父不詳」（『江氏《ごうし》家譜』）とされている。『近世防長諸家系図綜覧』では、「小幡民部大輔藤原元重《もとしげ》姉」と記しているが、確証は得られない。

二〇〇二年、小幡家から現在の萩博物館に寄託された「児玉党嫡宗藤原氏小幡家系」

（以下「小幡家系」）のうち、中の丸に関係する部分を抄出しておこう。

小幡　名不名
某

小幡　四郎
義実《よしざね》
母杉《すぎ》氏女《むすめ》不詳
大内義隆《おおうちよしたか》卿に奉仕す、天文二十年辛亥《かのとい》九月朔日《ついたち》義隆卿に随《したが》ひ落ち長門《ながと》国深川大寧《ふかわたいねい》寺《じ》にて殉死、時に年十五、法名珠玖禅定門、墳墓大寧寺に在り

御東大方
初め中之丸殿と称す
母同
元就公御継室、初め三沢某に嫁くと云ふ、元就公娶《しゅ》を芸州郡山《こおりやま》城中の丸に居せしむ、故に中の丸殿と称す、公薨後、同国廿日市《はつかいち》桜尾《さくらお》城東の丸に移居す、故に御東大方と称す、後、萩に居し又周防《すおう》山口に居す、（中略）寛永二年乙丑《きのとうし》九月廿五日、

防州山口に逝く、寿知《とし》らす、御法諡《ほうし》悟窓妙省、御廟長州大津郡深川庄瑞雲山大寧禅寺に在り、霊牌を萩洞春《とうしゅんじ》寺に建つ

平杉小幡　元重
　　民部大輔　初め小幡彦七と称す
　　母同
　　継母方、杉氏遺跡を以ての故に杉氏を称す（中略）高麗の役《えき》に深手を負ひ、肥前奈古屋《なごや》に帰りて卒《しゅつ》す、寿知らす法名知らす

これによると、中の丸の父は、小幡某で、小幡四郎義実、平元重とは同腹の兄弟姉妹とされている。天文二十年（一五五二）陶隆房《すえたかふさ》（晴賢《はるかた》）のクーデターの際、「小幡四郎」が大寧寺で大内義隆とともに切腹したことは、厳島《いつくしま》の神職である棚守房顕《たなもりふさあき》も記しているため（「房顕覚書」）、小幡氏の「断絶」は、天文二十年のことと考えておいてよい。ただし、「小幡四郎」が「義実」という名であったかどうかは確認できない。また、中の丸は、はじめ三沢某に嫁いでおり、その後、元就が娶《めと》ったとしていることについても、このほかに傍証が得られないため、不詳としておくしかない。

図9　小幡氏墓所跡

中の丸の呼称と居所

さて、右の系図によると、中の丸は、郡山城内の中の丸に住まいしていたので、「中の丸殿」と呼ばれ、元就卒去後に、現廿日市市の桜尾城に移居し、東の丸に住んだため、「御東大方」と呼ばれることになったとしている。一説には、郡山城内の東方にあった中の丸に居住していたため、「中の丸」あるいは、「東の大方」と呼ばれていたとされているが、右の系図によれば、「東の大方」は、元就卒去後の桜尾城での居室の場所であった「東の丸」による呼称ということになる。たしかに、現存する元就の書状では、宛名は、「中の丸」「中」を使用し、「東の大方」という呼称は用いていない。

元就卒去から五ヵ月後の元亀二年（一五七一）十一月付、「作間源三郎《さくまげんざぶろう》」あて輝元《てるもと》書状には「中御丸」とあり（『萩』巻一四五・4）、元就の卒去から二年後の元亀四年七月の「厳島社宝蔵腰物《こしもの》追加注文」（「野坂文書」三九五）には、元就寄進の「腰物」「つは刀」、隆景《たかかげ》寄進の「つは刀」などと並んで、「鏡一面　小幡殿御料人《ごりようにん》東の御丸局方」とある。これらを見ると、中の丸は、元亀二年十一月から元亀四年七月の間に郡山城から桜尾城に移ったと推定でき、「東の大方」は、中の丸の桜尾城移居後の呼称であったと考えられる。

次項で紹介する書状でも、中の丸は、「さくらを　ひかしのまる　つほね」（桜尾東の丸局）と署名している。

中の丸の書状
―小幡家の家紋使用を許可

中の丸の書状としては、先の「小幡家系」とともに寄託された「小幡家什書」一巻に収められる写しが確認できる。『萩藩閥閲録』にも別の写しが収載されているが、今は、『山口県史』所収のものを引用しておく（以下「小幡」、なお「小幡家文書」は『山口県史』による）。

「小幡」九

小幡の家の紋のことは、（小幡家と児玉家は）同じ家筋であるから、児玉三郎衛門殿（就忠《なりただ》）、同じく周防《すおう》殿（児玉就方《なりかた》）兄弟に使用を認めるのがよいと、日頼《にちらい》様（元就）が（出雲国）島根への御出陣の折、しきりに仰せになりましたが、今では、（私の実家）の小幡家も存在せず、私も女の身であるため、紋の使用を許すなどということは、いかがなものでしょう、難しいのではないでしょうかと申しましたところ、ちょうどその時に、就忠・就方の両人に名代も命じているので、是非とも認めてやってくれと仰せになりましたので、両人に紋の使用を許すことにしました。特に、「ひねり」（捻封の書状）を出すよう頼まれましたので、この書状を差しあげます。（就忠・就方と）同じように、さらに相談して、（紋を）使用していただくことが大切です。さらに児玉家の一門であっても、三郎衛門殿（元良《もとよし》—就忠の子）、くらの大夫殿（就英《なりひで》—就方の子）でなければ、紋を使ってはなりません。（これは）日頼様のご意向ですので申します。この紋には、（このような）子細があると申しました。お心得ください。

【おはた《（小幡）》いへ《（家）》のもん《（紋）》の事、すちめ《（筋目）》につき、こたま《（児玉）》三郎へもんとの《（衛門殿）》、おなし《（同）》くすわうとの《（周防殿）》へふんへつ《（分別）》申しまいらせ候へかしと、にちらいさま《（日頼様）》しまね《（島根）》御ちん《（陣）》ニ御いて《（出）》のとき《（時）》、しきりにおほせ《（仰）》候まゝ、いま《（今）》においては、いゑ《（家）》も候ハす候、われらもおなこミ《(女子身)》の事ニて候まゝ、もんと《(紋)》もゆるし《(許)》なと、申す事、いかゝ候するやとかたく《(難)》申し候へハ、おりふし《(折節)》ハかの《(彼)》りう《(両)》人御ミやうたい《(名代)》をもおほせ《(仰)》つけられ候まゝ、せひ《(是非)》ともにふんへつ《(分別)》申し候へとおほせ《(仰)》候まゝ、御れう《(両)》人ゑまいらせ候、ことさらひねり《(捻)》の事うけ給り候まゝまいらせ候、とうせん《(同前)》ニいよ〳〵おほせ《(仰)》あハせられ《(候脱カ)》まゝ、御うち候する事かんよう《(肝要)》にて候、さて御一もん《(門)》と申しても、三郎ゑもん《(衛門殿)》との・くら《(内蔵)》の大夫との《(殿)》ならてハ、御うち候ましく候、にちらいさま《(日頼様)》きよい《(御意)》の事ニて候まゝ申し候、このもん《(紋)》しさい《(子細)》あるよし《(由)》申し候、御心へ《(得)》候へく候、めてたく、かしく、】

ここで、中の丸は、元就を法名の日頼と呼んでおり、「桜尾東の丸局」との署名からも、元亀二年六月の元就の卒去後、桜尾城に移ってから発信されたものである（宛所は「こたまくらの大夫」〈児玉就英〉）。この時、中の丸が許したという小幡家の紋について、「小幡家系」は、「根引唐団扇《ねびきとううちわ》」としている。これが具体的にどのような紋であるのかは確認することができないが、軍配団扇《ぐんぱいうちわ》紋が児玉氏の代表家紋とされ、しきたりとして嫡流のみに許されるものであった（『家紋大図鑑』）ことから、これに類するものであろう。

さて、この書状からは、中の丸が、理を重んじるらしいこと、元就の意向を重んじることが見て取れるが、中の丸がどのような人物であったのか、毛利家の中でどのような役割を果たしていたのかは、よくわからない。そこで、次節以下、他の書状から探ってゆくことにする。

元就との交流

中の丸にあてた書状

中の丸と元就とはどのような関係であったのか、残念ながら中の丸から元就への書状は確認できていないため、中の丸あての元就の書状から見てゆきたい。

元就から中の丸への書状は、基本的には、戦況報告、自分の様子を伝え、安心するようにとも、あるいは、近いうちに帰るとも申し送っているものが多いが、それらを書状の内容から、話題別に整理して次に示す。

出雲の陣中から戦況報告

まず、戦況報告のものから一部をあげてみる。

○（永禄十二年）「小幡」二

一筆差しあげます。境目の衆が数多敵方となってしまいました。恥知らずなことで心配なことではありますが、このように申すこと（この書状の文面）は、決して他人にはお見せにならないように、お話しにもならないようにしてください。特に変わった出来事はないので、ご安心ください。

【一ふて《（筆）》申しまいらせ候、さかへめ《（境目）》のしゆ《（衆）》あまた《（数多）》てき《（敵）》ニなり候てこそ候へ、あつかましくきつかひ《（気遣）》ニてこそ候へ、かやうの申し事かまへて《（構）》〳〵人ニ御ミ《（見）》せ候ましく候、おほせ《（仰）》事候ましく候、めつらしき《（珍）》事ハあるましく候まゝ、御心やす《（安）》く候へく候〳〵、めでたく、又々かしく〳〵】

これは、永禄十二年（一五六九）の戦況（国境の衆の寝返り）を知らせる書状である。元就は、人には知られぬようにと言いながら、特に変わったことはないから、安心せよと書き送っている。元就は、中の丸に信頼を寄せるとともに、心配させないよう頻繁に書状を送って近況を報告していたようである。

次の書状は、大友攻めのため、長門《ながと》に出陣した折のものである。

○（永禄十二年）五月三日　「児玉家文書」（個人蔵）

再び申します。立花表（筑前《ちくぜん》国立花）のことは、敵が、後巻（味方を攻撃する敵の後方をさらに攻め囲むこと）として出てきました。そうではありますが、陣の構えはいっそうよく、皆がつとめてくれますので、陣所は、少しも心配ありません。どのような物事よりも、ご安心ください。今の様子であるなら、豊後《ぶんご》衆（大友氏）は、やり残すことになるでしょうから、本望です。ご安心ください。みなみな大勝ちし、すぐにその旨を申しあげるでしょう。

【又申し候、たちはな《（立花）》おもて《（表）》の事てき《（敵）》うしろまき《（後巻）》としていて《（出）》候、さ候へとも、ちんかまへ《（陣構）》一たん《（段）》よくミな〳〵《（皆々）》つかまつられ候まゝ、すこし《（少）》もちんしよ《（陣所）》きつかい《（気遣）》もなく候、何より御心やす《（安）》かるへく候、いま《（今）》のおもむき《（趣）》に候ハゝふんこしゆ《（豊後衆）》しあますへく候まゝ、ほんもう《（本望）》ニ候、御心やす《（安）》かるへく候、いつれも大かち《（勝）》候てやかて〳〵申し候へく候、又々かしく、】

冒頭に「又」とあり、たびたび戦況報告をしていたとわかる。宛名の一人「まる」は、乃美大方《のみのおおかた》で、二人にあてて、戦況は有利であるから大勝すると知らせている。この時の戦況が事実としてどうであったのかは確認できないが、この後、六月には尼子牢人《あまごろうにん》衆の出雲《いずも》侵入があり、十月には大内輝弘《てるひろ》が大友水軍の援助を得て、周防《すおう》に上陸、その他にも能島《のしま》村上氏の離反など大友氏に呼応した種々の動きにより、毛利軍は九州からの撤退を余儀なくされてしまう。長い在陣となった七四歳の元就を、二人が案じていたことは容易に想像できる。この書状は、留守を預かる継室たちへの元就の配慮をよくうかがわせるものといえるだろう。

長門の陣中から戦況報告

次の書状は、大内輝弘を討ち果たした報告である。「なかとちんより」とある。

○（永禄十二年十月）「小幡」六

書状をいただき、嬉しく思います。先陣（北九州）の毛利軍が被官・中間まで無事に（長門に）退却したことは以前申しました。何はともあれ大内輝弘を、去る十四日に攻め落とし、富海という浦まで一四、五日追い詰め、討ち果たしました。輝弘はみごとに腹を切られました。供の者も一人残らず、一〇〇〇人余り討ち取って、周防・長門の反毛利方を根絶させました。本望です。即刻、吉田に帰ってお目にかかり、この喜びをお話しいたしたい。

【文たまハり《（賜）》候、御うれ《（嬉）》しく候、さきちん《（先陣）》ひくわん《（被官）》ちうけん《（中間）》までも何事なくのき《（退）》候事ハ申しふり《(旧)》候、まつ〳〵大内太郎左衛門方さんぬる《(去)》十四日せめ《(攻)》はたし《(果)》、とのミ《(富海)》と申すうらま《(浦)》て十四五日おいつめ《(追詰)》うち《(討)》はたし《(果)》申し候、太郎左衛門方み事ニはらきられ《(腹)(切)》候、ともしゆ《(供衆)》一人ものこさす《(残)》千余人うち《(討)》候て防長ねきり《(根切)》仕り候、ほんもう《(本望)》に候〳〵、▨《き》と〳〵のほり《(上)》候まゝ御め《(目)》にかかり、御よろこひ《(悦)》申しうけたまハる《(承)》へく候、めてたく、

又々かしく、】

「文たまハり候」との文面から、中の丸から、戦況を案ずる書状が届き、それへの返信であることがわかる。最後の一文「▨《き》と〳〵のほり《(上)》候まゝ御め《(目)》にかかり、御よろこひ《(悦)》申しうけたまハる《(承)》へく候」には、先述したような苦しい戦況にありながら戦勝した元就の高揚感と、一刻も早く中の丸と再会してその喜びを分かち合いたいという切なる思いがあふれている。

元就の懇望

そのようなやりとりの中には、元就から中の丸への願い事が記されているものもある。

○（年月日未詳、永禄年間）　個人蔵（周南市美術博物館寄託）

また、あまりに長い間「かね」（鉄漿・歯黒《はぐろ》めに用いる鉄の液）を着けていないので、手配してください。正月には着けたいと思っているので、どのような私の歯にも着く

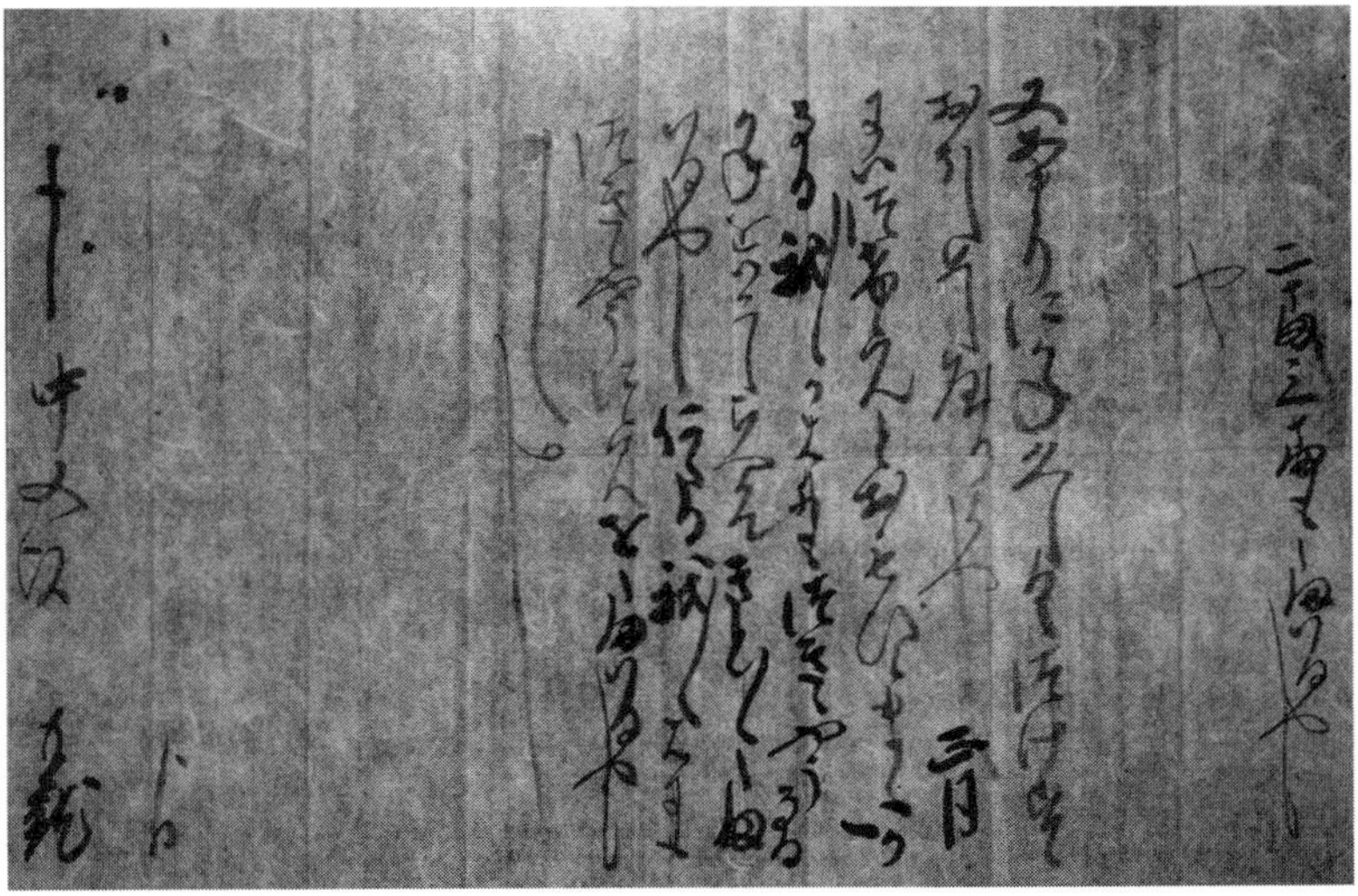

図10　中の丸あて元就書状（徳山毛利家蔵）

ような「かね」をあつらえて、必ずいただきたい。どのような私の歯にも着くようになっているものをいただきたい。

（追伸）二様三様もいただきたい。

【　二さま《様》三さま《様》もたまハ《賜》るへく候也、

又あまりにかね《鉄漿》久しくつけ《着》す候、おほ《思》しめ《召》しやり候へく候、正月にハつけ《着》候ハんとおも《思》ひ候まゝ、いかなる我々かは《歯》にもつき《着》候やうなるかね《鉄漿》を御こしらへ《拵》候て、きと〱たまハ《賜》るへく候、何たる我々は《歯》にもつき《着》候やうに候ハんを、たまハ《賜》るへく候〱、かしく、】

冒頭に「又」とあるため、二人の間に何らかのやりとりがあってのこととわかるが、正月用に「かね」を用意しておいてほしいとしつこく頼んでいる。追って書きの「二さま三さま」がどういった状態を指して言っているのかはよくわからない。お歯黒用の液の出来映えの最上のものだけでなく、その次の出来のもの、そのまた次の出来のものということなのか、別種のものを取りそろえておいてほしいということなのか、ともかく、しつこく頼んでいることだけは確かである。

○（永禄十二年十月）　「小幡」三　※元就書状写

書状にて申しあげます。そちらでは何事もなく、ますますそなたのご気分もよいとのこと、何にもましてご心配がないことが大切です。このたびは早くに（そなたのもとに）帰ってさしあげたい。そなたのご気分がよいことだけが大切です。また、両手に差す籠手で、後側のないものが足りません。後側のないものがそちらにあれば送っていただきたい。万事、「まる」（乃美大方）と相談なさってお取り計らいくださることが大切です。（下略）

【たより《便》なから申しまいらせ候、そこ何事なくいよ〳〵それの御気あひ《合》よく候よし、何より〳〵御心やす《安》くかんえう《肝要》にて候〳〵、此たひ《度》はとく〳〵かへ《帰》りまいらせたく候〳〵、それの御気あひ《合》よく候事、かんえう《肝要》までにて候〳〵、又りやう《両》のて《手》にさし《差》候こて《籠手》、うしろ《後》の候ハぬきたらす候、うしろ《後》候ハぬきそこもと《其許》に候ハ、、たまハる《賜》へく候〳〵、万まる《丸》おほせ《仰》あわせ《合》候て御心え《得》かんえう《肝要》にて候、（下略）】

「なかとちんより」とあり、長門の陣中から送ったものである。中の丸が留守の間の様子を知らせたものであろう。何よりも中の丸が健やかであることが大事であると気遣っている。その一方で、武具の調達についても依頼している。乃美大方と相談して準備してほしいと書いており、中の丸と他の継室たちとの関係が良好であることをうかがわせる。元就が「こそて給ひ候、御うれしく候」（小袖を頂戴し、嬉しく思います）と認《したた》めている書状もある（「右田」二二九）。

戦時における家庭内の日常

戦陣からの便りの中に、幼子について報告を受けたり、火の用心など日常的な注意をしていたりするものもある。

○（永禄四年十二月）　元就自筆書状　『吉』一三七一

取り立てて言うほどの用事はありませんが、よい折をやりすごすことができないので、一筆申しあげます。隆元《たかもと》やその他の者たちが遅れているので、それを待っている間に、早くも一つ歳を取ることになりました。正月には、迅速に思うままのことになって、早々に戦勝して凱旋しますので、ご安心ください。迅速に、戦いは有利に展開し勝利しますので、歳を取ったといっても気にすることはないということです。このたび、戦は済みますので、満足です。

（追伸）「かなもじ」（金鶴丸）は間違いなくよくなっているだろうと思って、その後、尋ねていませんが、健やかでいましょうか。うかがいたく思います。先日も申したとおり、火の端のご用心が大切です。

【　なを〳〵、かな《金》もしいよ〳〵よく候ハんと思ひ候て、そのゝち《後》申さす候、まめ二候や、うけ給はりたく候〳〵、ひとひ《一日》も申し候ごと《如》く、ひ《火》のはた《端》の御ようしん《用心》かんえう《肝要》にて候〳〵、かしく、

さしたる事候ハねとも、ひんき《便宜》すこし《過》かた《難》く候まゝ、一ふて《筆》御申しまいらせ候、たか《隆》元そのほか《他》おそ《遅》く候ほとにあひまち《相待》候とて、はや〳〵《早々》とし《歳》をとり《取》候事になりまいらせ候、正月にはとく〳〵おもふ《思》まゝの事はや〳〵《早々》とかいちん《開陣》候ハんするあいた《間》、御心やす《安》かるへく候〳〵、とく〳〵りうん《理運》の事にて候まゝ、とし《歳》をとり《取》候てもくるし《苦》からすこそ候へ、此たひ《度》ゆミや《弓矢》ハとり《取》すめ《鎮》候するまゝ、ほんもう《本望》にて候〳〵、めてたく又々かしく〳〵】

ここでも、元就は、中の丸に戦の結果は思いどおりだから安心せよと言い送っているが、「さしたる事候ハねとも、ひんきすこしかたく候まゝ」と特段の用件はないのに、せっかくの機会を逃すのは口惜しいと中の丸に音信している。いかにも筆まめな元就らしさでもあり、それだけ、頻繁に中の丸とやりとりをしていたという証でもある。「とく〱りうんの事にて候まゝ、としをとり候てもくるしからすこそ候へ」は、己の年齢について中の丸が何か言って寄越したので、それを慰めているようにも考えられる。しかし、本書状の文脈で、正月には早々に戦勝して凱旋することと、戦いは思いどおり満足に終えられると書いていることとの間に、一歳取ることは、人の世の道理なのだから、気にすることはないといった中の丸の嘆きへの慰めを挟むのは、いささか不自然にも思われる。いずれにせよ、二人の間で、この戦の間に年を越すことに関するやりとりがあったことは確かであろう。

幼子金鶴丸の教育

追って書きの「かなもしいよ〱よく候ハんと思ひ候て、そのゝち申さす候、まめニ候や」について、河合氏は、「かなもし」を「仮名文字」と解しておられるが（「毛利一門団結のシンボル妙玖」）、仮名の書き様について「まめ（語義は、誠実、実用的、健やか、勤勉など）ニ」という語を用いていることが不自然な上に、この書状の書かれた永禄四年（一五六一）には六五歳であった元就が、この期《ご》に及んで、仮名文字の練習というのも不審である。次に掲げる書状でも、「かなもしけもしかんえう二て候」と書いている。この「かなもし」「けもし」は、現代語訳に示したとおり、文字詞と考えた方が無理なく理解できるのではないだろうか。

「女房詞」の一種と理解される「文字詞」は、本来的には女性のみが用いるもの、あるいは、もう少し範囲を広げても、女性あての書状、女性相手の会話などに意識的に用いられるものと考えられる。しかし、元就は、「けもし」のほかに、「かもし」「すもし」などの文字詞を頻繁に用いている。女性あての書状のみでなく、隆景《たかかげ》など子どもたちあての書状でも用いている。また、隆元にも使用例があり、元就に限らず、男性も、親しい間柄では文字詞を日常的に使用していたらしい。

そうであれば、次の書状の意も、同様に解することができよう。

○（年月日未詳）　元就書状写　『萩・遺漏』巻四―二

あなたからの書状を嬉しく拝見しました。こちらは、間違いなく思い通りの戦況で、近いうちに凱旋できるでしょう。ご安心ください。「かなもし」（金鶴丸）が堅固（健康）であることが大切です。

【このほと《（程）》文うれ《（嬉）》しく候、こゝもと《（爰元）》いよ〳〵おも《（思）》ふまゝにて、ちか〳〵《（近々）》かいちん《（開陣）》ある

　へく候、御心やす《（安）》く候へく候、かなもし《（金）》けもしかんえう《（肝要）》ニて候、めてたく又々かしく、」

ところで、「かなもし」であるが、元就の子どもたちの幼名のうち、「かな」（金）の付くものは確認できていなかった。しかし、「厳島野坂文書」（二〇六）に残されている永禄四年六月十五日付の元就の寄進状に、「金鶴《かなつる》祈念の為」とあることがわかり、幼名のわかっていなかった永禄三年生まれの元康《もとやす》が「金鶴丸」であると考えることができるようになった（元康の一歳上の兄、元政《もとまさ》の幼名は「千虎《せんとら》丸」）。

つまり、『吉』一三七一号の書状では、元就は中の丸に、この時点ではまだ一歳の金鶴丸（元康）の健やかな成長を見守るように託しており、年月日未詳の右の書状でも金鶴丸の健康に留意するよう念を押しているのである。むろん、元康の生母、乃美大方へも養育に関して十分留意するよう促してほしいという気持ちも込められているはずである。孫の輝元の場合も、その訓育に関して、生母尾崎局《おざきのつぼね》によくよく自分の気持ちを伝えてほしいと、中の丸に依頼している（後述）。

このような元就の態度からは、中の丸に全幅の信頼を置いていたということが見て取れる。

先に見た書状でも中の丸の体調を気遣っているが、元就が中の丸に細やかな気遣いをしている書状を次に紹介しておきたい。

中の丸への気遣い

○（永禄四年か）「小幡」一（書状原文省略）

書状を拝見しました。

一　四郎兵衛（井上就重《いのうえなりしげ》）が（吉田に）帰るので、万事申しつけました。小袖やその他のものについて、あなたがお考えのことを、何事も四郎兵衛に仰っていただき、思うようになさってください。

一　私の小袖について承りました。どのようにでも仕立てていただきたいものですが、裏衣《きぬ》を四郎兵衛に取らせて、綿を厚くして仕立てていただきたい。万事、私として好みはありません。ご推量いただきたい。ほんとうに同じお心であると推量しています（お任せします）。

一　炭などはあって、火はありますか（暖を取っているか）。いつもいつもお寒いのではないかと思っています。何事につけても、お気の毒なことであろうと推量しています。

一　料紙、冊子のことは、承知しました。今、五束を葛籠（つづら）に入れてお送りします。料紙は、杉原紙《すいばら》をお取りください。四郎兵衛に申しました。
一　何事もあなたが思われたことを（望みどおりに）承りたい。少しも遠慮はなさらないようにしてください。
（追伸）下口《しもくち》（九州方面での大友氏との戦い）のことは、隆元たちが出陣したので、間違いなくご安心ください。「ひこもし」（小幡彦七か）も何事もないのでご安心くださ い。

「御返事」とあり、中の丸への返信である。まずは、小袖を仕立てて届けてほしいと依頼しているが、きっと気に入るように仕立ててくれると全面的に中の丸を信頼し、任せようと書いている。先のお歯黒といい、籠手といい、元就が中の丸にすっかり頼りきっているのがわかるが、この書状では、中の丸からも元就に「お願い事」があったこともわかる。「何事も〳〵おほしめし候ハん事うけ給はるへく候」には、何でも望みどおりにしてやりたいとの元就の中の丸への思いが表れている。また、寒い思いをしているのではないかと案じてもいる。さらに、追って書きからは、中の丸が「ひこもし」の安否について問い合わせをしたこともわかる。「ひこ」は、「彦」と考えられ、今は、「小幡系図」に中の丸の兄弟として載せられる平元重《もとしげ》（初称小幡彦七）に比定しておく。この書状からは、二人の細やかな交流が見て取れる。

薬の服用についての注意

次の書状は、中の丸から報告を承《う》け、陣中から、薬の服用について指示を出しているものである。

◯（永禄十二年か）「小幡」五（書状原文省略）

書状を詳しく拝見しました。今は楊井《やない》が調合した薬を飲まれているのですか。けれども、はかばかしくないとのこと、お気の毒に思います。これは、その時、急いで準備したものでしょうから、そんなに素早く効いてくることはありますまい。少し時間が経たなければ、はっきりと効果が現れることはないでしょうから、気長にご辛抱ください。

一　以前は、少林寺（少林寺周泉《しゅうせん》か）の薬を服用されていましたか。（その時は）ご気分もよかったとのことですので、そうであるならば、楊井には、多門《たもん》坊、助《すけ》四郎を（説明役として）行かせて、了解を得て、少林寺の薬をお飲みになるのがよいのではないかと思います。ただし、今、楊井がさしあげている薬も、少林寺と相談して調合したものであるのなら、なおさらよいでしょう。多門坊、助四郎にこの書状をよくよくお見せになって、ご相談するのがよいでしょう。

一　いつも申しているように、お心の持ち方が大切です。どんな場合にも、お心軽くおられることが、何よりも大切です。そのようにお心得ください。（下略）

「やな井」も「せうりん寺」も、薬を調合した医師である。中の丸から、薬効がはかばかしくないと聞かされた元就が、中の丸の体調を気遣い、さまざまに言ってやっている。吉田と長門に離れている二人が、書状によってお互いの近況を知り、お互いを気遣っている様子がうかがえる。

ふたりの厚い信頼関係

次の書状は、発信の年月日はわからないが、他の書状と同じく、「ちんより」とあり、元就が陣中から書き送ったものである。

◯（年月日未詳）　『萩・遺漏』巻三―二一　高洲弥三1

このたびは、お返事を詳しく承りました。嬉しく拝見いたしました。そのことについては、いかにも困ったことだと思っておりましたところ、心を強くお持ちになっておられること、何にもまして大切なことです。私は安堵したということです。いよいよ念を入れてお心得ください。何事も詳しくは申しませんが、私のこと（考え）はご推量ください。同じようにそなた様のことも推量します。（下略）

【此ほと（程）ハ御返事なから、くハし（詳）くうけ給はり候、御うれし（嬉）くみ（見）まいらせ候、それの御事何とも〳〵せうし《(笑止)》におもひ《(思)》まいらせ候ところニ、心つよく《(強)》御もち《(持)》候て、何よりかんえう《(肝要)》にて候〳〵、我〳〵あんと《(安堵)》ニてこそ候へ、なを〳〵よく〳〵御心ゑ《(得)》候へく候、何事も〳〵くハしく《(詳)》申し候すれとも、我〳〵事御すもし《(推)》あるへく候、又それの御事もすもし《(推)》申し候、(下略)】

「それの御事」は、二人にとっては自明のことであるため、後代の我々にはどのようなことを言っているのかわからないが、ともかく困惑させられるような事態があり、それに対する中の丸の考え・態度に同意するとともに、安堵したと書いている。ここでは、中の丸の対処に大いに賛同し、その上、お互いのことは、お互いに忖度しあおうとまで言っていることから、元就の中の丸への信頼の度合いが推し量れる。

次の書状も、中の丸が抱える気がかりなことについて、すぐにも帰ることができるだろうから、それまで心を強く持って待っていてほしいと言っているものである。

○(永禄十二年か)　「小幡」四

こちらからも書状を送りましたが、届いたでしょうか。(中の丸からの)書状を拝見して、私は安堵したということです。私からも申しあげたとおり、何としても心を強くお持ちになってください。心を強くお持ちになって、私が帰るまで、しっかりとしていてください。帰りましてから、このことについてお話をうかがいましょう。その後は、どのようなことであっても私が措置しましょう。（中略）すぐに（吉田へ）帰ってお話をしましょう。そうすれば、お心も十分に晴れることでしょう。私のことは、その程度ですので、ご安心ください。

【これよりも申しまいらせ候つる、とゝき《（届）》まいらせ候や、この文み《（見）》まいらせ候て我〳〵あんと《（安堵）》ニてこそ候へ〳〵、こなたより申し候ことく《（如）》、せひ《（是非）》ともニ〳〵心をつよ《（強）》く御もち《（持）》候へく候、心つよ《（強）》く御もち《（持）》候て、我〳〵かへり《（帰）》候するまて、けなけ《（健気）》ニ御いり候へく候、かへり《（帰）》候て此事申しうけたまハ《（承）》るへく候〳〵、そのゝち《（後）》ハ何と候ハんもはから《（計）》ひまいらせ候、（中略）やかてかへり《（帰）》候て申しうけたまハ《（承）》るへく候、よく〳〵御はれ《（晴）》候へく候、我〳〵事そのふん《（分）》にて候まゝ、御心やす《（安）》く候へく候〳〵、又々かしく〳〵】

この書状からも、二人が頻繁に書状のやりとりをして、お互いの状況を知らせ合っていることがわかる。幾度か中の丸から報告を受けた元就が、早々に吉田に戻るはずだから、その時は、中の丸の気が済むよう、満足できるよう措置をする、それまで心を強く持ち、事に当たってほしいと励ましている。詳しいことはわからないが、省略した箇所には家臣らしい人物の名前が出てくることから、元就の不在中の家を守る中の丸を困らせる何らかの事態は、毛利家の家臣団に関わる事柄であったのかもしれない。

以上のように、元就と中の丸とは、戦場と吉田に遠く離れていても、書状のやりとりでお互いの状況を把握し、お互いを思いやり、また、毛利家内のさまざまな問題への対処を相談し合い、時には、無心をし合いといったように、厚い信頼に基づいた関係を保っていたのである。

中の丸と尾崎局

続いて、中の丸への元就書状から、中の丸と尾崎局（毛利隆元室）の関係を推測してみる。

○（永禄八年二月頃）　『毛』六〇二

重ねて申しあげます。尾崎（尾崎局方）へ、その時々においでになるということを、先日承りました。尾崎局もそのようなおつもりでおられるのであれば、よきことと思います。私は、たびたび書状などを差しあげたいと思っていますが、こちらでは、戦闘に明け暮れてばかりで、怠ってしまい、不本意に思っています。ご承知くださるように。幸鶴（輝元《てるもと》）がいよいよ成人するのだと、何よりもめでたく、月よ星よとこのことだけを思い焦がれて待っているばかりです。まことに申しあげるまでもないことです。今更申すこともないでしょうが、何事にも、機分（物事が自ずからそのようになる時期）らしく、（正嫡の）筋目らしくあるように、内々は、ますます「かもし」（母親）の異見（訓戒）が重要です。沙汰によれば、都からの御使（宮内少輔細川隆是《くないのしょうほそかわたかよし》）が近いうちに吉田まで下ってこられるとのこと、元服をするとのこと、早くも大人の男になるとのこと、私は、大変満足です。

（追伸）なお、この書状を、周囲に人がいない時に、尾崎局にも、そっと見せてください。そして、また、散逸させてはなりません。

【　なを〱、此文、人なと候ハぬすき《隙》に、そと〱御め《目》にかけさせ給ひ候へく候、
　さ候て、又御ちらし《散》候ましく候〱、
又申しまいらせ候、おさき《尾崎》へおり〱《折々》御出よし《由》、ひとひ《一日》うけ給はり候ツる、おさき《尾崎》にもさやうにおほ《思》しめ《召》し候ハヽ、しかるへくこそ候へ〱、我〱事、さい〱文なりとも御まいらせ候ハんするを、こゝもと《爰元》こくち《小口》あつかひ《扱》ハかりにて、ふさた《無沙汰》申し候、くちおし《口惜》く候、御心ゑ《得》候て給ふへく候、こうつる《幸鶴》いよ〱せいしん《成人》候ハんと、何より〱めてたく、月ほし《星》と、これのミ思ひまち《待》入り候ハかりにて候〱、中〱申すもおろ《疎》かにて候、申すにおよ《及》ひ候ハねとも、何事も〱きふん《機分》らしく、すちめ《筋目》らしく

候やうに、ない〱《内々》いよ〱かもし御いけん《異見》かんえう《肝要》に候〱、さた《沙汰》京よりの御つかひ《使》、ちか〱《近々》く《下》たられ候するま丶、けんふく《元服》とも候するま丶、はや〱《早々》おとこ《男》になり候するま丶、我々大けい《慶》まんそく《満足》にて候、めてたく又々かしく】

陣中にある元就が、中の丸に書き送ったものである。「月ほしと、これのミ思ひまち入候」の「月ほしと」を、どのように解釈すればよいのか決め手がないが、文脈から、待ち焦がれているという気持ちを込めた表現ではあろう。

また、「さた京よりの御つかひ」の「さた」は、もし、将軍からの「沙汰」であれば、「御」が冠されていないことが不自然であり、校注者の傍注には「左太ヵ」とあるが、「左太」（桂元忠《もとただ》）は、兄桂元澄《もとずみ》の書状（『小早川家文書』一五四）によれば、輝元の元服の折は、元就に同行しているらしいので、その元忠が都からの御使とともに下ってくるとは考えにくい。ひとまず、右のように解釈しておくことにする。

この書状は、輝元の元服が近い永禄八年（一五六五）二月頃の発信と推定されている。先の桂元澄書状に「御曹子様御元服、一昨日十六日、御祝言相ひ調へ申し候」とあり、元就が輝元の元服を祝う書状の日付も二月十六日であるため（『毛』三一九）、輝元の元服が永禄八年二月十六日であったことがわかるからである。

さて、この書状からは、中の丸が尾崎局（輝元生母）の許にたびたび出かけて、幸鶴の養育について話し合い、それを元就に報告していることがわかる。幸鶴すなわち輝元の成人を心待ちにしている祖父の情があふれる文面であるが、それと同時に、中の丸に、輝元が成人して、いよいよ正嫡（つまり毛利家当主となるべき人）として恥ずかしくない言動、物腰、器量を示せるような教育を施すには、「かもし」（母親）の異見が重要であると書いている。さらに、追って書きでは、尾崎局に書状を見せることで、自分の意向を明確に伝えるように指示している。また、他見を憚《はばか》ってもいた。それだけ率直な心情を吐露しているということであろう。この二年前、永禄六年（一五六三）に嫡男隆元が急逝しており、元就の孫輝元に対する思いもなおいっそう深いものがあったのではないかと思われる。

毛利輝元の惣領教育

この書状からは、中の丸を通じて、元就が、尾崎局に、惣領教育、つまり輝元が毛利家の当主としてふさわしい人間になるために、しっかりと教育するように指示していることがわかる。父親を喪った孫の訓育に心を砕く元就の姿勢が見て取れる。しかも、文面から、中の丸が何か言ってきたことへの返信であり、また、輝元生母尾崎局と中の丸がお互いに行き来して意思疎通を図っていることを追認しており、二人が輝元の元服について相談し合っているという事情を知ることができる。

中の丸は元就との間に子は儲けていないが、金鶴丸（元康）の場合もそうであったように、毛利家の子弟の養育に積極的に関与していたようである。

一見、中の丸に指示を与えているように見える文面も、その表現を詳細に分析すると、中の丸を心底頼りにしている元就の思いが浮き彫りにされてくるように思われる。

毛利家内での役割

さて、ここまで、元就の中の丸あて書状から、元就と中の丸との関係や尾崎局との関係を見てきた。そこでは、元就の厚い信頼と、それに応える中の丸の姿が確認できた。このことで、中の丸の人柄と毛利家内での立場について、ある程度は把握できるが、次いで、その他の書状も確認しておきたい。

乃美大方の子元清との関係

先にも、元就の子息や孫の養育に対する中の丸の関与を見たが、次に掲げるのは、前章の乃美大方《のみのおおかた》の項でも紹介した元就の四男穂田元清《ほいだもときよ》の輝元あて書状である。第五条を抄出する（書状原文省略）。

○（天正七年）十月八日　穂田元清書状　『毛』八四七

図11　桜尾城跡

中の丸様のこと、子をお持ちでないため、困窮のめぐりあわせでしょう。お覚悟はお持ちでしょうが、殿様のお陰があってこそですので、十分にご配慮くださいますよう。他のことはともかくとしてまず、洞春《とうしゅん》（元就）様への追善でもありましょう。お見捨てのないようにしていただくことは、私もありがたく思います。私が幼い頃より特別に目をかけていただきましたので、申しあげる次第です。

元清は輝元に、生母、六郎（元政《もとまさ》）、かうさん、才菊《さいきく》丸（秀包《ひでかね》）と並べて中の丸のことも託している。乃美大方の子を幼い時から可愛がっていたこと、そして、成人した当の元清が、実の母親や兄弟姉妹と同様に中の丸についてもわざわざ輝元に配慮を願っているということは、中の丸と元清の関係が、非常に親密であったという証であろう。年未詳六月二十八日付、元清あての元就書状（「長府毛利文書」）でも、元就は、「中の丸の患いについてわざわざお見舞いいただき、うれしく思います。以前から煩っていましたが、今もはかばかしくありません。手当を油断なくしますので、そのうちによくなるはずですから、ご安心ください」と書いており、中の丸の所労について、元清からの見舞状が届いたことがわかる。元清が中の丸に抱いていた親愛の情がいかに強いものであったのかがうかがわれる。元就卒去後、中の丸が、元清の桜尾城に生母乃美大方とともに移っているのも、二人の関係が深いものであったことの表れである。

領知をめぐり輝元を叱責

次の書状は、輝元から、「御ひかし」にあてたものである。文面に、長《なが》門《と》国で検地を命じたとあるので、惣《そう》国《ごく》検地の始まった天正十五年（一五八七）の発信と考えられる。

○（天正十五年か）五月二十一日　毛利輝元書状　「小幡」七

ご領分のことについて仰せくだされました。もっともなことです。（中略）長門国内の各地に城や家臣を配置したため、（御ひかし様の領分について）なおざりのようになりまして、物を知らないと思われておりますのでしょう。粗略にするつもりは少しもありません。精一杯、注意を怠らないよう申しつけます。そちらのご意見をうかがい、ひどく驚いています。まことに申しあげようもありません。詳しいことは、上りますので、近いうちに申しあげます。

【御れうふん《（領分）》のき《（儀）》ニつきおほせ《（仰）》くたされ《（下）》候、もつとも《（尤）》にて候、（中略）城々又ハ人しゆ《（数）》のくはり《（配）》申しつけ候ゆへ、ゆるかせ《（忽）》のやうニまかりなり、物しら《（知）》すとおほ《（思）》しめ《（召）》し候ハん、いさゝかおろか《（疎）》そんし《（存）》候ハす候、かいふん《（涯分）》ふさた《（無沙汰）》なく申しつけ候へく候、そなたのおもむき《（趣）》うけ給はり候てきやうてん《（仰天）》申し候、中〱申すはかりなく候、くハしく《（詳）》ハまかりのほり《（上）》候まゝ、ほとちかく《（近）》申しあけ候へく候、めてたく〱、かしく〱】

長門国の「御ひかし」（中の丸）領の検地後の措置について、中の丸から抗議を受けて、輝元が釈明しているものである。乃美大方も己れの領知している土地には、強い権利意識を持っていたことが書状からわかるが、「御ひかし」も、同様であったことがこの書状からわかる。「物しらすとおほしめし候ハん」との輝元の書き方から、中の丸がかなり厳しい言い方をしたのではないかと想像できる。さらに、「そなたのおもむきうけ給はり候てきやうてん申し候」には、輝元が、中の丸の反応を心外と思い、戸惑っている様子が見受けられる。すぐに参上して詳しいことを申しますと書きやっているが、幼い頃から身近にいて、世話をやいてくれた中の丸に対して、輝元も弁解に終始するしかなかったように見える。

秀元の身を案じる

秀元《ひでもと》は、穂田元清の息男で、秀就《ひでなり》が生誕する前の一時期、輝元の養子であった。

九月二十九日付書状で、毛利秀元は、「御東様（中の丸）が下向されるので、書状をさしあげます。この方面（の戦い）は和解となり、どちらも平静な状態に落ち着きましたので、ご安心ください。大事な点については、御東様がお話くださるでしょうから、詳しくは申しません」と認《したた》めている（「右田」二三〇）。年未詳とはいえ、秀元が「さい相」と署名しているので、秀元が宰相（参議）に任じられた文禄四年（一五九五）正月六日（『毛利輝元卿伝』）以降の発信である。宛名の「御ひきちさま」は、秀元が、戦況を報告し安堵するように書いているところを見ると、秀元の身を案じ、中の丸とも親しく、秀元のいる場所より下（西方面）にいる近しい人物ということになる。この書状でも、中の丸が、秀元とも、秀元の近親者とも親しくしていることが確認できる。

元就の庶子たちへの心配り

続いて、元就庶子との関係を探ってみよう。

まず、二宮就辰《にのみやなりとき》は、『萩藩閥閲録』の「二宮太郎右衛門」家の系譜書によると、幼名は「虎法丸《とらほう》」といい、母は備後《びんご》国矢田甲斐守の娘で、「元就公御妾」であり、懐妊してから、土佐守春久《はるひさ》に嫁したとされている。はじめ元就に仕え、元就の卒去後は、輝元の奉行人として登用された。二宮の家には、中の丸あての輝元書状が残されている（『萩』巻六四　二宮太郎右衛門2）。

親しくお聞かせしたように、「二　余次」（二宮就辰）は数多い家臣の中で、（元就が）特別に懇意に目をかけておられました。申すまでもないことですが、私も決して忘れ去るようなことはございません。当然のことです。以後のことは、私と「身一つ」（私自身と同様）と考えています。このことを念入りに十分に申し聞かせてやってください。

【御物かたり（語）申し候やうに、二　余次の事人多きと申しなから、へつ（別）して御こゝろやすく（心安）御目かけられ候、申すにおよ（及）はつ候へとも、我〳〵におひて少しもほうきやく（忘却）御座なく候、申すもおろか（疎）にて候、已後の所は我〳〵一身ニそん（存）し候まて候、御物かたり（語）申し候おもむき（趣）、よく〳〵御申しきか（聞）せ、めてたく候〳〵、悦かしく」

二宮就辰について、輝元が、自分も元就と同様に疎《おろそ》かな扱いはしないので案ずることはないと言って聞かせてほしいと、中の丸に依頼している。この書状から、中の丸が、二宮就辰の処遇について、格別の取り計らいをするよう輝元に働きかけたことがわかる。

井上与七郎は、二宮就辰と同じく元就の庶子である。『萩藩閥閲録』巻三八の「井上六郎右衛門」家の系譜書によると、与七郎は、幼名を虎法師《とらほうし》といい、母は、「元就公の妾」であったが、井上与三右衛門就勝《なりかつ》（正しくは元有《もとあり》、元景《もとかげ》とも「永末家文書」）に嫁して程なく出生したとされている。天文十九年（一五五〇）、元就が井上一族を討ち果たした際、虎法師だけは助けたいと、前もって粟屋右京亮元親《あわやうきょうすけもとちか》に預けておき、事後に元親のところから取り戻して側近く置いたとされている。

次にあげるのは、井上与七郎に関する中の丸あて輝元書状と小早川隆景《こばやかわたかかげ》書状である（書状原文省略）。

○（年未詳）二月二日　毛利輝元書状　『萩』巻三八　井上六郎右衛門3

与七郎が従ってくれたことは、殊勝であると思います。どのようにしても忘れ去ることはできません。再び相応のことを申しつけます。このことをお伝えください。

○（年未詳）六月二十五日　小早川隆景書状　『萩』巻三八　井上六郎右衛門5

井上与七郎の身の処し方について、仰せになりましたこと、心得ました。輝元へ言って、決着がつくようにいたしますので、どこへも行かないように、お留めください。

輝元の書状からは、中の丸が、与七郎の行動に対する何らかの処遇を輝元に求めたことがわかる。中の丸の井上与七郎への心遣いがうかがわれる。一方、隆景の書状には、「いつかた（何方）へもゆき（行）候ハぬやうニ」とあることから、与七郎が先行きの不安を抱いており、輝元への取りなしを中の丸が隆景に働きかけたものと思われる。井上六郎右衛門の家には隆景関係の書状が多数残されており、隆景と井上との関係が深かったことが考えられる。そのため、井上の方から、中の丸に、隆景への口添えを依頼したものかもしれない。隆景は、中の丸からの依頼を受け、早速、六月二十七日に、「井上与七郎進退の儀」について、輝元に「近習《きんじゅう》ニ召し仕へられ然るへく存し候」と取り次いでいる（『萩』巻三八　井上六郎右衛門6）。

家臣の処遇に関する働きかけ

前項では、中の丸が元就の家臣（実は庶子）に配慮し、隆景や輝元などに働きかけていたことを見たが、次いで、家臣団への配慮を見ておこう。

◯（年月日未詳）毛利輝元書状　『萩』巻五六　桜井半左衛門5

親しくお聞かせくださったように、「ひらいち」（平佐就言《ひらさなりのぶ》）は、上様（元就）が特別に目をかけておられました。私も決して忘れ去るようなことはございません。そのことは申すまでもないことです。以後のことは、私と「身一つ」（私自身と同様）と考えています。このことを念入りに十分に申し聞かせてやってください。

【御物かたり（語）申し候やうに、ひらいちこと上に別して御目かけられ候、我におゐて少しもほうきやく（忘却）御座なく候、そのたん（段）申すにおよ（及）ハす候、以後の所は我々一身にそん（存）し候まて候、御ものかたり（物語）申したる趣、よく〳〵仰せきか（聞）せ候てくた（下）さるへく候、御悦候、かしく、】

二宮就辰の場合とほぼ同じ文面ではあるが、ここでも、中の丸は、元就の側近への配慮を輝元に求めている。以下の書状の作間源三郎《さくまげんざぶろう》も作間源十郎《げんじゅうろう》も、同様に元就の側近である（書状原文省略）。

◯元亀二年（一五七二）十一月二十日　毛利輝元書状　作間源三郎あて　『萩』巻一四

五　作間四郎右衛門4

防州《ぼうしゅう》都野《つの》郡戸田《へた》のうち、一二石のことは、日頼《にちらい》の袖判《そではん》と父の譲状の趣旨から、すべてを知行すべきである。なお、中の丸様から仰るであろう。
◯（年未詳）七月二十五日　毛利氏奉行人連署書状　作間源十郎あて　『萩』巻一四五
作間四郎右衛門9
その方のことは、東の丸様より道理を仰せつけられ、以前のように進められ置くことにした。今後は、何にしても油断なく、間違いなくご奉公することが肝心である。この由を申しておく。
傍線部から、中の丸の働きかけによって、輝元や輝元の奉行衆が元就の側近に配慮していることがわかり、中の丸が、家臣団の中で橋渡し的な役割を果たしていることが確認できる。
次の元就の書状は、その背後にある事情はよくわからないものの、元就在世当時においても、中の丸が同様な役割を担っていたことを示しているものである。
◯（年未詳）十二月十五日　毛利元就書状　「長府桂家文書」三六
書状を拝見しました。宇都宮玄蕃《うつのみやげんばん》のことは、不審なことです。どうにもしかたがないことです。それについて、刺賀《さっか》に言ってやったところ、どのようなことになろうとも指示に従いますと申しました。とはいえ、刺賀が懇望することがあるので、その分については、区別することも必要かもしれません。みなみな桂元澄《かつらもとずみ》に言いつけて、元澄の考えを、あれもこれも、もう一度間違いなく聞きましょう。詳しいことは児玉元《こだまもと》良《よし》のもとから申します。十分に適切にご判断ください。

【文み《見》まいらせ候、うつのみやけんはん《宇都宮玄蕃》事、ふしき《不思議》の事候や、せひ《是非》ニをよひ《及》候ハす候、それニつゐて、さつか《刺賀》ところへ申し候ところニ、なに《何》と成りともおほせ《仰》ニしたかひ《従》候すると申し候、さりなからさつか《刺賀》こんほう《懇望》の事候まゝ、そのふん《分》ニ御ふんへつ《分別》も候ハんや、いつれももとすミ《元澄》おほせ《仰》候て、もとすミ《元澄》そんふん《存分》かれこれかさね《重》ていよ〳〵うけたまハり《承》候へく候、くわしく《詳》小二郎所より申すへく候、よく〳〵御ふんへつ《分別》候へく候、】

中の丸への「御返事」である。宇都宮玄蕃については、不詳だが、刺賀（石見《いわみ》の国人領《こくじんりょう》主《しゅ》で、銀山をめぐる大内氏、尼子《あまご》氏との攻防の折、毛利に下った）の名が出てくるので、刺賀と同様、石見の国人領主なのかもしれない。元就は、桂元澄の存念をよくよく聞く、児玉元良から言わせるなどと書いているが、中の丸が何らかの動きを察知し、元就に報告し、その判断を仰いだのではないかと推測される。このことは、中の丸が領地内の関係者の動きにも関心を持っていたことの証であろう。

このように中の丸は、毛利家の家族間だけでなく、家臣団や毛利家周囲の者の動きにも目を配り、細かな気配りで、隔意が生じないよう意思疎通を図っていたことが確認できる。

最後に、元就卒去間もない頃の中の丸の姿を知ることのできる史料を紹介しておきたい。

元就卒去直後の中の丸

山口県図書館蔵『宗分歌集《そうぶんかしゅう》』である。宗分（俗名大庭賢兼《おおばかたかね》）は、大内氏の旧臣ながら、元就にその実務能力、文芸的才能を見込まれて抜擢され、側近として活動し、元就の卒去に伴って出家するものの、輝元の代に至るまで毛利氏の権力中枢に参画した人物である（『私家集大成』解題）。関係箇所を、『私家集大成』所載によって抄出する。

（上略）次の日に出家したとお聞きになって、中の丸様から、この夏に着馴れておられた薄い衣を形見にと言って送ってくださった折、「恩賜御衣《おんぞ》今在此、毎朝捧以拝余香（九州大宰府の配流地において、嵯峨《さが》天皇から賜った御衣を毎朝捧げ持ち、天顔を拝する思いで、御衣にまつわる残り香をかぐことである）」と詠まれた神がうたわれたという尊い詩（菅原道真《すがわらみちざね》公の七言絶句）までが思い出されて

脱ぎ捨てて、その中に身のない（すでに身はこの世におられない）空になった衣に残っている香を形見と思いましょう。（下略）

【（上略）
次の日かしら《（頭）》おろし侍ぬよし《（由）》き《（聞）》ゝ給ひて、中の御局より、この夏のころは着馴れ給ひしうすき《（薄）》ころも《（衣）》を御形見にとて送りくだ《（下）》されし時、恩賜御衣今在此、毎朝捧以拝余香、とあそはされし神詠の尊詩までおもひ《（思）》出られて
　ぬき《（脱）》をきし身をうつせみ《（空蝉）》のから衣　のこる《（残）》かをり《（香）》をかたみとやき《（着）》ん　（下略）】

この歌集は、冒頭に、元就の卒去についての詞書があり、宗分がその悲しみを綴っているという事情が明らかにされている。奥書に「元亀二　神無月中旬三」とあり、また、「同霜月《しもつき》上九」ともあり、六月十四日の元就卒去後程なくまとめられたものである。賢兼は、元就生前、側近く仕え重用されていた。元就卒去後すぐに薙髪《ちはつ》しており、賢兼の方にも恩顧に十分報いるだけの気持ちがあったことがうかがえる。右の詞書からは、中の丸が、そのような家臣の思いに対して、間髪を入れず形見の品を分け与えていることがわかる。これは、これまで見てきたような細やかな気働きがあり、面倒見のよい中の丸であったからこその行動といえる。また、この記事からは、中の丸が元就遺愛の品を差配できる立場にあったことが推量できる。

ここまで見てきたことを元に、中の丸の毛利家内での役割について、ごく簡単にまとめておきたい。

中の丸が担っていたもの

残されている書状から、元就が中の丸に絶大な信頼を寄せていたことが確認できた。中の丸も、その思いに応えようと誠実に努めたことは容易に想像できる。元就の意向を確認しながら、細々《こまごま》とした生活に必要な品や武具の調達から、幼子の養育、はたまた家臣との連絡調整などさまざまに動いている。また、元就の継室たちとも良好な関係を築き、隆元正室の尾崎局とは、幸鶴（輝元）の養育について、折々に相談し合い、小早川隆景をはじめとした元就の子どもたちとも、積極的に関わりを持とうとしていたようである。

中の丸が、毛利家の家族や家臣団の経営に積極的に関与していた背景には、それを望み、許容する元就の姿勢があったのだと思われる。「内をは母親を以ておさめ（治）、外をは父親を以て治め候と申す金言」と元就が言う時の「内」は、先述したように、内政をとりしきる者として、毛利家内の一切を差配し、また、毛利家を中心とした小早川《こばやかわ》家、吉川《きっかわ》家、宍戸《ししど》家といった血族間、場合によっては家臣団も含んだ「洞」（うつろ）を視野に入れて、一族の安泰を図るといった意味合いであったのではないだろうか。

中の丸が元就の厚い信頼を得ていたことは、おそらく毛利家内でも認知されていたことであろう。元就在世中のみならず、その没後も、中の丸は、毛利家内でのさまざまな調整を担っていたことがわかっている。それは、中の丸が一族からの信頼も得ていたことの証にほかならない。単に子どもたちの養育を含む家事のみに留まるものではなく、一族内あるいは家臣団までをも含んだ広い範囲での調整の役割を果たしていたといえる。

中の丸の場合、正室の妙玖《みょうきゅう》や他の継室とは異なり、元就との直接的な交流が確認できる書状が比較的多く残されている。「小幡《おばた》家文書」に負うところが大きいとはいえ、それが、偶然なのか、右のような中の丸の立ち位置からもたらされた必然なのか、甚だ興味深い。

毛利隆元の正室

尾崎局

嫡男輝元の教育

本章では、毛利隆元《もうりたかもと》正室尾崎局《おざきのつぼね》について、隆元と婚姻した後、毛利家内でどのような役割を果たしていたのかを探ってみたい。

尾崎局の出自

隆元室は、隆元が郡山《こおりやま》城内の尾崎丸に住んでいたので、「尾崎局」と呼ばれている。また「小侍従《こじじゅう》（こ）」と自署している書状もある。彼女について、『江氏家譜《ごうし》』は次のように記す。

大内義隆《おおうちよしたか》養女、実は内藤下野守藤原興盛女《おきもりむすめ》、元亀三年（一五七二）壬申《みずのえさる》九月晦日《つごもり》卒《しゅっ》す、法名仁英妙寿

内藤家は、大内氏の重臣で、興盛は義興《よしおき》、義隆二代に仕えていた。尾崎局が、大内義隆

の養女として毛利に嫁したことは、大内氏にとっても、また内藤の家にとっても、大きな意味があったといえる。もちろん、大内氏の麾下《きか》に入り、尼子《あまご》氏との攻防を繰り返していた毛利家にとっても、大内との結びつきを強くしておきたいという意図があったのであろう。

隆元との間に、輝元《てるもと》（天文二十二年〈一五五三〉生）、女子（吉見広頼《よしみひろより》室）、徳鶴（生年未詳、早世）の三人の子を儲けている。

なお、尾崎局は、隆元との婚姻に際して、内藤家から家臣をつけられていることがわかっている。『萩藩閥閲録』（巻一七〇内藤小源太家来「永富《ながとみ》弥三右衛門」、「永富九郎兵衛盛詮《もりあき》」項）によると、盛詮と妹のあやが、「内藤下野《しもつけ》守ご息女様が、毛利隆元公へご婚姻なさった際、御供を申しつけられ、ご一生の間ご奉公申し上げた」とあり、この兄妹は、尾崎局に「御一生御奉公」し、尾崎局（妙寿）の没後は、その法事に永代、詰めることを申しつけられたとされており、その奉公の様が偲ばれる。

また、永富と同じく内藤小源太家来「勝間田《かつまた》八郎左衛門」には、「まこ七かせいゐ（悴家）の事」（まこ七〈勝間田〉の家のこと）についての『閥閲録』の編纂者永田《ながた》政純《まさずみ》が妙寿（隆元室）のものと認める印判状《いんばんじょう》（花押のかわりに印章を押した文書）が残されている。内藤家家臣の勝間田家の跡継ぎ問題の決着を知らせるもので、尾崎局が毛利家に入って後も、実家の家臣に気遣いしていることがわかる。

隆元との婚儀

大内義隆の養女として毛利家に入った尾崎局がどのような立場であったのかを知る手がかりとなる書状がある。元就は、天文十八年（一五四九）あるいは十九年以降の発信と思われる「尾崎」（隆元）あての返信で次のように書いている（『毛』四一七）。関係部分を抄出する（書状原文省略）。

一　志道広良《しじひろよし》にも、年寄衆にも、使いの者への話には、「局方（隆元室）は、屋形様（大内義隆）から頂戴したのです。このようなことも、まずもってそれ相応に価値のあることですのに、まったく情けないことに、隆元が愚か者であるに相違ないことは、あまりに残念なことですから、遠慮も思案も、さしあたって隆元には必要ありません。それ以外のものより秀でていることはなくても、せめて世間並み程度に出陣しなければ、実のところ防州《ぼうしゅう》の屋形様がお思いになるところは、堪忍できないということになりましょう」と申しなさい。

隆元から、自分への書状案を見せられた元就が添削して返しているものである。尾崎局は、屋形様（大内義隆）からいただいた、このことは大変意味のあることであり、愚か者の隆元にはもったいない、せめて隆元が人並みの器量を示さなければ、屋形様に申し訳が立たないと書いている。輝元が天文二十二年に生まれているので、おそらく、この書状の頃にはすでに尾崎局は毛利家に入っていたのであろう。

井上一族誅伐事件

それは、元就が、井上一族を誅伐した事件（天文十九年七月）について報告する書状からも確認できる（『毛』三九八、八月四日付、井上衆罪状書）。宛名は、「おさき　御つほね　まいる」とあり、尾崎局に向けて発信されている（書状原文省略）。

図12　縹糸旨紅白威胴丸具足（毛利博物館蔵）

元就の兄興元《おきもと》が亡くなって以来、三十余年の間、井上河内守（元兼《もとかね》）が我が家中において、やってきた習癖のこと。

一　評定やその他の用件についての話合いに呼んだ時、今に至るまで来なかったこと

（中略）

これらの行状は、物事の大元であり、あるいは私に対して、あるいは親類や家臣たちに対して、不本意な扱いをし、無念の儀は数え切れません。そうであるので、御屋形様（大内義隆）のお力添えを以て死罪を命ずるということを、以前、弘中隆兼《ひろなかたかかね》を通じて御屋形様におうかがいを立てていたのですが、平賀父子が敵味方に分かれ、頭崎《かしらざき》城で合戦となってしまったので、打ち過ぎてしまいました。その後もおうかがいを立てていましたが、続いて出雲《いずも》国での強敵（尼子氏）を排除するという、解決が困難なことを最優先したために、何やかやと過ぎてしまいました。この箇条は、決してわずかな時間のことではありません。このことを（内藤）興盛（父上）に申し遣ってください。

井上一族の罪状を細かに書き上げ、誅伐しなければならなかった理由を一六ヵ条にわたり説明したものである。元就は、長年にわたる井上一族の所業と元就や隆元を侮《あなど》るその

心持ちが家中に及ぼす影響を十分に考慮して断行したと思われる。この時、家臣連署の起《き》請文《しょうもん》が提出されているが（『毛』四〇一、四〇二）、これには当時の家臣のほぼすべてが署名している。このことによって、元就は、主従関係の基本を遵守することを家中の者に徹底したといえる。

さて、それでは、なぜ、毛利家臣の誅伐という事件を、隆元室である尾崎局に報告しなければならなかったのか。この処断については、すでに大内義隆に報告し、同意を得ている（七月二十五日付、隆元あて小原隆言《おばらたかのぶ》書状、『毛』四〇〇）のだが、尾崎局から、父親である内藤興盛に報告しておくことで、さらに念を入れたということではないだろうか。事細かな事情を興盛に伝えることは、ひいては御屋形様（義隆）に詳しい報告が上がると見込んでのことであろう。つまり、尾崎局は、里方の内藤興盛を通じて、毛利氏と大内氏との意思疎通を図る役目を担っていたということなのである。

尾崎局の毛利家での立場

次に、局の弟で、内藤家を継いだ隆春《たかはる》が小早川隆景《こばやかわたかかげ》にあてた書状を紹介したい（『毛』八五六）。日付は、四月十三日であるが、年はわからない（書状原文省略）。

大殿様（元就）から、尾崎御大方様（尾崎局）へお使いを出すべきであるということを、お言いつけになりました。まことにありがたいことで、申しあげようもございません。ご意向の事柄を申しあげましたところ、ともかくご納得いただいたと、ご書状をもって仰ってくださいましたので、いかにも悦ばしくありがたく存じあげます。このことは、八幡大菩薩《はちまんだいぼさつ》にかけて、少しも他言することはないということを、恐れ多いことですが、一筆さしあげます。

これによると、元就は、隆春に対して、尾崎局への使いを依頼している。「他言致すへからす」と口止めしているところを見ると、かなり重大な「御意の段（元就の考え）」であったと思われる。わざわざ隆春を選んでいるので、内藤家に関わりのあることであったのかもしれないが、内容については推断する材料がない。尾崎局が納得したと書状で知らせてきたということを、隆景に報告していることから、隆景もこの件に関与していたのであろう。尾崎局が具体的にどのような役割を果たしたのかよくわからないが、この書状から、尾崎局が元就から、格別の配慮をもって扱われているということは確認できる。

次の書状は、「こ（小侍従）」つまり、尾崎局から、「さへもん大夫（桂就宣《かつらなりのぶ》）」、元就五奉行の一人への返信である（『毛』一三一八、書状原文省略）。

また、お父様（元就）に特にご相談することがあります時は、平佐《ひらさ》源七郎（就之《なりゆき》）を通して言ってきなさいとのこと、承知いたしました。女房衆へのことは、小侍従を通して仰ってください。お尋ねでしたので、申しあげました。
（追伸）その上で、さらに内密のことであれば、直接にうかがいますか。どんなことでも仰せのとおりにいたします。

元就の側近桂就宣から、元就への相談事がある場合には、平佐就之（元就の側近で元就がたびたび心中の思いをもらしている程信頼されている）を通してとの指示を受けたもので、さらに、就宣から聞かれて女房衆へは小侍従（この場合は、尾崎局自身のことか）を通してと返事をしている。

これらの書状から、尾崎局は、隆元の正室というだけではなく、毛利家が「御屋形様」（大内氏）から賜ったものであるという認識、それとともに、実質的に大内氏との意思疎通の架け橋となり得る立場であったことで、元就からも丁重に扱われ、そして、信頼もされていたということがわかる。続いて、嫡男輝元（幸鶴）や女（吉見広頼室）への態度についても見ておきたい。

父親としての隆元

毛利隆元は、永禄六年（一五六三）八月四日、尼子攻めのために出雲国へ向かう途中、安芸《あき》国佐々部《ささべ》（広島県安芸高田市）で、和智《わち》氏の饗応を受けた後、急逝する。四一歳であった。

以下、隆元が存命の間、その家庭はどのようなものであったのかについて、残されている書状から探ってみよう。

まず、幸鶴の髪置《かみおき》に関する書状である。弘治元年（一五五五）十一月のものであると推定されている。宛名は、「左太」（桂元忠《もとただ》）、元就の側近であるが、実質的には隆元から元就への相談である（『毛』六八四）。

幸鶴は、今年、髪置をいたさなければならない年です。そうであるから、今月霜月にいたすものであるということを、東方から言ってきました。人を（吉田へ）上らせて、祝儀を準備させようと思います。それについて、ご相談します。髪置の時は、傅役《もり》を決めて指名するものであると申します。今まではどういうものとも思案しておりませんでした。さらに心当てもありません。そうはいっても、誰かに命じないではすまないのではないでしょうか。どのようにいたしたらよいでしょうか。傅役というものは、大事な役目ですから、念を入れて適切に決め、また、思案をいたさなければなりません。このことについてお考えいただき、ご意見をお聞かせいただきたく思います。お考えをお聞かせいただきたく思います。

（追伸）おおかたは、粟屋《あわや》や国司《くにし》の者にいたしましょうか。そのような決まりも、またいらないということもありましょうか。そうはいっても、その一族に人がいないということであれば、できないことになります。けれども、また、少しは、家筋のことも必要でしょうか。よその家にも適任者はいないようです。

【返々、多分粟屋国司の衆共仕り候や、さやうの引付も又入らさる事も有るへく候か、さ申し候ても、其衆ニ人なく候ハヽ、成らさる事たるへく候、されとも又ちとハ其すしめ《（筋目）》も入るへく候や、他名の衆にも見かけハなく候、幸鶴当年かミおき《（髪置）》仕るへき年にて候、然れは、今月霜月ニ仕る物にて候由候て、ひかしかた《（東方）》より申し下し候、人差し上《のぼ》せ候て、祝儀相ひ調ふへく存し候、其につき申し上け候、かミおき《（髪置）》の時、もり《（傅）》を相定め申し付く物にて候由申し候、何とも今迄ハ思案仕らす、更に心当《こころあて》もなく候、然ると雖《いえど》も、申し付け候ハて叶はさる事にてハ候するか、いかゝ仕るへく候や、もり《（傅）》と申し候事、大事の儀候間、能々《よくよく》見計ひ、又思案仕り候ハてハ成らさる事候、御思案成られ候て、仰せ聞せられたく候〳〵、重畳申し上け、又仰せ聞せらるへく候、恐惶かしく、】

「髪置」とは、「子どもが、生後、剃っていた髪を、初めて蓄える祝儀。男女とも二、三歳頃に行い、その日も一定していなかったが、江戸時代、民間では、三歳の賀として、十一月の吉日、多くは十五日に行われるようになった。（中略）大家では仮親を作って事を行った」（『角川古語大辞典』）というものである。この書状が、弘治元年十一月の発信と推定されるのは、幸鶴が三歳になる年だからである。

さて、この祝い事について「ひかしかた」が言ってきたので、隆元が元就に相談しているという内容である。『大日本古文書』は、「ひかしかた」を「元就側室小幡《おばた》氏」（中の丸）に比定しているが、中の丸が「東の大方」と呼ばれるようになるのは、元就卒去後に桜尾《さくらお》城に移居してからのことなので、この書状の「ひかしかた」を中の丸に比定するのは難しい。「申し下し候」や、「人差し上せ候」からも、上《かみ》から言ってきたということがわかるが、この時、隆元も元就も、厳島《いつくしま》合戦に勝ち、周防《すおう》の岩国にいたと考えられる。そのため、郡山（吉田）も東方面、上方ということになる。内容から、幸鶴生母である尾崎局がふさわしいと思われるが、尾崎局が、「ひかしかた」と呼ばれた例を見いだせていない。

追伸では、傅役の人選について、あれやこれや言いつのっていて、元就が、このような「くた《（下）》りはて《（果）》たる（末の世になってしまった）」世の中では生きにくかろうと案じていた

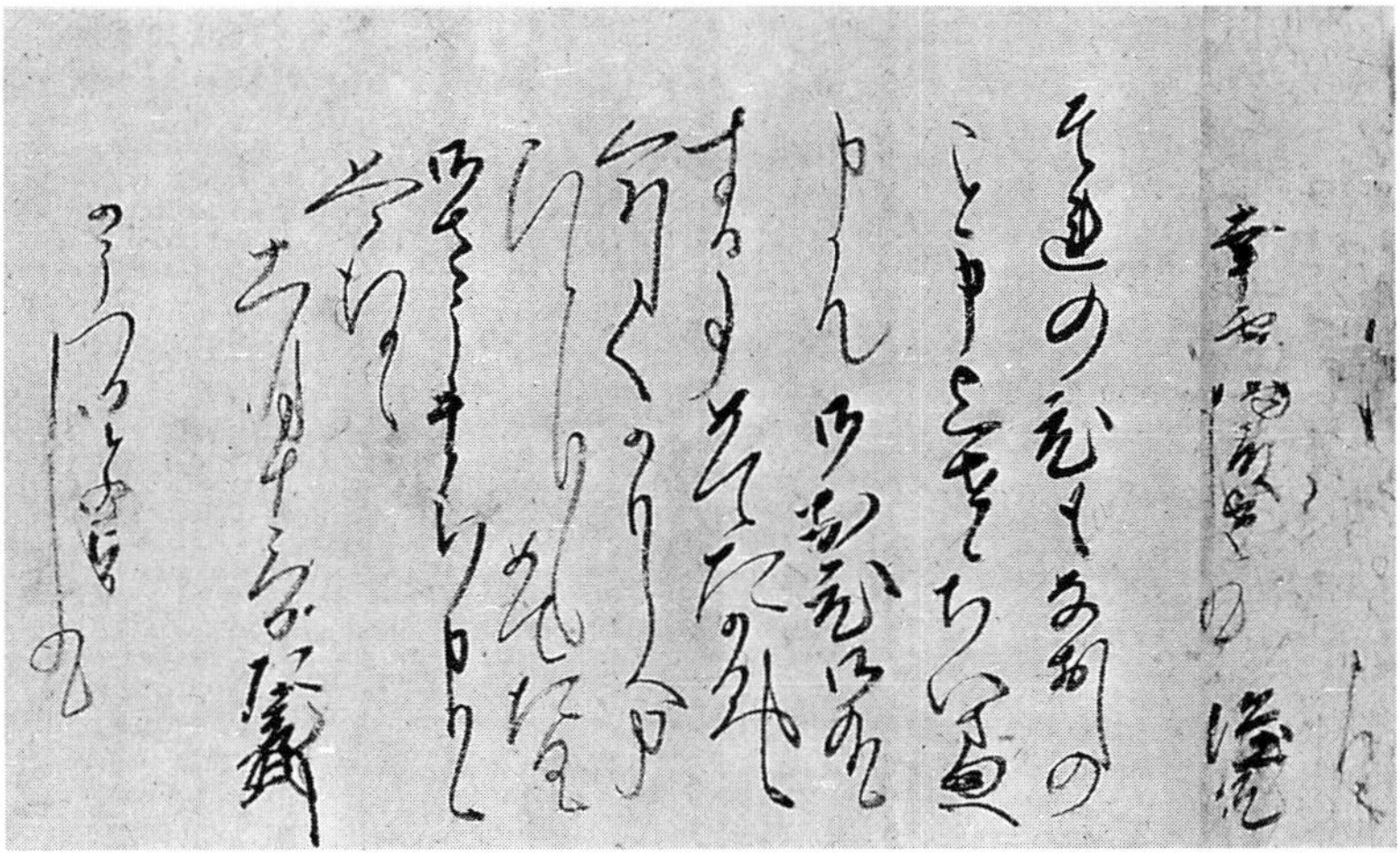

図13　毛利隆元自筆書状（『毛利家文書』604，毛利博物館蔵）

「ほんしきたて（本式立て）」（『毛』四一三）な、生真面目な性格である隆元らしさも見受けられる。

続いては、同じく幼児の祝儀である「紐直《ひもなおし》」に関する隆元の「幸鶴」あて十一月十三日付書状をあげてみる（『毛』六〇四、書状原文省略）。

そなたの紐直のことを申し上《のぼ》らせます。祖父様にお願いして、御帯を頂戴することは、悦ばしいことです。詳しいことは母上に申しあげました。めでたいお知らせを待っています。

「紐直」とは、「帯解き」のことで、「子どもの着物についている付紐を取り、帯をし始めるための祝儀。十一月中の吉日に、禁中や高貴の家では男女九歳、地下《じげ》においては五歳の子どもについて行い、古くは七歳であったというが（日次紀事《ひなみきじ》）（下略）」（『角川古語大辞典』「帯解」項）というものであった。ここでは、その際に初めてする帯を、前もって元就に依頼している。「紐直」を、輝元が七歳で行ったのであれば、この書状は永禄二年（一五五九）のものと推断され、九歳で行ったとすれば、永禄四年のものということになる。この時期、毛利氏は、尼子氏、大友氏などと戦いを繰り広げており、隆元も戦陣にいることが多かったと思われる。この書状も、陣中「より」発しているので、隆元は、この祝儀には同席できないはずで、それだけに、その祝い事の様子の報告を心待ちにしている。我が子の成長を確認できる祝い事を、父親と母親、そして、祖父が共に祝っている様子がよくわかる。

陣中から幸鶴への書状

隆元は、陣中にありながら、たびたび幸鶴に戦況の報告をし、また、その地の品を贈ったり、飼っている鳥の世話を頼んだりしている。また、元就がそうであったように、勝利が近いので安心するようにと返事を認めたりもしている。

以下の二通は、いずれも、隆元から幸鶴へのものである（書状原文省略）。

○『毛』六〇七　四月三日付

用事があって、飯田新介（家臣名・未詳）を（吉田へ）上らせました。こちらは特に変わったことはないので、ご安心ください。また、飼っている鳥のことを間違いなく頼みます。私の鵐《しとと》（ホオジロ）をお見せしたい。細かいことは飯田新介が申すでしょう。

○『毛』六一一　十月六日付

ご書状、嬉しく思います。こちらの前線での交戦は、残すところなく勝利を得ますので、すぐに凱旋いたすでしょう。また、先頃、孫十郎（毛利家家臣、内藤か）のところに引き継ぎました近習《きんじゅう》の者のことは、いかにも当然です。私から申しつけて、お返ししましょう。気を許して注意を怠ることのないようにしてください。重ねてこちらから申しましょう。

このように、陣中にありながら、頻繁に幸鶴と書状のやりとりをし、桃（『毛』六〇五）や小鳥（『毛』六〇六）や筆一対（『毛』六〇八）、鮑《あわび》一折（『毛』六一〇）などを送り、配下のことについて幸鶴の意見を汲み取るなど、細やかな愛情を注いでいる。戦闘に明け暮れ、手許で慈しみ育てられない我が子のことは気がかりであったに違いない。

次の書状では、幸鶴ではなく、娘の養育に関して尾崎局に注意を促している。文中に、「しも」（下）とあり、北九州での大友氏との戦闘ではないかと推測されるため、発信は、永禄四年以降であろう（『毛』六九六）。

娘の養育に関する指示

特に何かあるということではありませんが、この者が帰るので、申しあげます。そちらは何事もなく平穏でしょうか。おうかがいしたく思います。こちらは、変わったことはありませんので、ご安心ください。また、下（北九州あたり）から「けんゑもん」（家臣名・未詳）が上ってきて、あれやこれや情報をすべてお聞きになったとのこと、嬉しく思います。小林（家臣名・不詳）もとうに上るようにとのことです。そのうちに、よい折もありましょうから、もっとお聞かせください。すべて「ひもし」殿に

（追伸）申しました。重ね重ね「五もじ（娘）」が堅固（丈夫で健康なこと）であるとのこと、最も大切です。手抜かりのないようお育てください。すべてこの者が申します。

【　申し候、返々、五もしけもしに候よし、かんゑう《肝要》に候、ゆたん《油断》なく御そた《育》て候へく候、よろツ《万》このもの《者》申し候へく候、

さしたること候ハねとも、このもの《者》かへ《帰》り候まゝ、申しまいらせ候、そこもと《其許》

なにこと《何事》共候や、うけ給はりたく候、こゝもと《爰元》めつらしき《珍》事候ハす候、御こゝろ《心》安く候へく候〳〵、又しも《下》よりけんゑもんのほり《上》候て、さう《左右》よろツ《万》御きゝ《聞》、候すると、めてたく候、小はやし《林》とく〳〵のほり《上》候へかしにて候、そのうちひんき《便宜》も候ハゝ、なを〳〵おほせ《仰》候へく候、よろツ《万》ひもしとのへ】

隆元は、特段の用件はないものの、ちょうど吉田に帰る者がいるのでとして、「御つほね」あての書状を託している。「けんゑもん」「小はやし」「ひもしとの」は、いずれも毛利家家臣、「ひもしとの」は毛利家に関わりのある女性かもしれないが、詳しいことはわからない。吉田と戦陣との間を往来する家臣に言づけたものと思われる。尾崎局からの報告を承《う》けて、自分の近況を知らせるとともに、追伸では、娘の健康に十分に留意しながら育ててほしいと願っている。幸鶴と同様に、我が子の健やかな成長を願う父の姿がある。

それと同時に、嫡男の幸鶴には、毛利家の正嫡としてふさわしい人物になってもらわなければならない。次には、隆元が尾崎局とともに幸鶴の訓育にあたっていることがわかる書状を紹介しておきたい。

陣中から幸鶴へ説教

十月十七日付、隆元から幸鶴への「ちん《陣》より」の「御返事」である（『毛』六一二）。

ご書状を嬉しく思います。こちらは、変わったことはありません。近いうちに途中まで帰陣しますので、ご安心ください。それから、一品さしあげます。この国の産ですので、ご賞味になってください。そちらも変わりがないとのこと、よいことです。すべてもう一度お聞かせいただきたい。重ね重ね、（私が）そのようにばかり遠くであっても、遊びにばかり（かまけて）、劣ってはなりません。母上の異見をお聞きにならないのは、けしからぬ事です。私が不在だといって、他の人に判断を委ねるようなことはありません。お心がけに申しました。

（追伸）珍しいものではありませんが、一品お届けします。

【　返々、めつらし《珍》からす候へとも、一色まいらせ候、
御ふミ《文》めてたく候、こゝもと《爰元》なに《何》事候ハす候、ちかく〳〵《近々》に中途迄かいちん《開陣》にて候まゝ、
御心安かるへく候、さてハ一色まいらせ候、この国の物にて候まゝ、御しやうくわん《賞翫》
あるへく候〳〵、そこもと《其許》何事も候ハぬよし《由》、しかる《然》へく候〳〵、よろツ《万》かさね《重》て申
し承り候へく候、返々、さのミ□とおく《遠》とも、あそひ《遊》ニハ御くたり《下》候ましく候〳〵、

かもしのいけん《異見》御き丶《聞》候ハすハ、くせ《曲》事たるへく候〳〵、我々るす《留守》とて、人まかせ《任》にハ無きやうにて候〳〵、御こ丶ろへ《心得》ニ申し候〳〵、めてたく恐々謹言、】

隆元は、例によってその地の名産の品を幸鶴に届けているが、それに続いて、幸鶴に、自分が留守がちだからといって遊びほうけていてはいけないと釘をさしている。この書状中の「返々、さのミ□とおくとも、あそひニハ、御くたり候ましく候〳〵」であるが、「そのように遠くであっても、遊びのつもりでここに下ってくるようなことはなりません」と、幸鶴が隆元の戦陣に行きたいと懇願したことに対しての苦言であると考えることもできるかもしれない。ただ、文脈から、「さのミ□とおくとも」の解釈の落ち着きがよくないため、「遊びにばかり（かまけて）、劣ってはなりません」のように考えてみた。

図14　毛利隆元像（常栄寺蔵，山口市教育委員会提供）

さて、隆元が、「かもしのいけん御き丶候ハすハ、くせ事たるへく候」、「我々るすとて、人まかせにハ無きやうにて候〳〵」と少し厳しい口調で説教しているのは、尾崎局から、幸鶴が言うことを聞かなくて困っているという知らせが、隆元の許に届いているからであった。この書状との対応関係は確認できないが、次のような隆元（「さゝめ御やと《（宿）》へ」）あての尾崎局（「おさきより　こしゝう《（小侍従）》」）の書状が残されている（『毛』一三二〇）。

お心がけのために申しあげました。また、幸鶴の方へ、私の言うことなどや、助六（国司助六元武《もとたけ》）の異見などを、念を入れて十分に聞くようにと仰ってください。（追伸）助六にも、幸鶴の機嫌が悪くなるようなことも、念入りに異見を言ってくださいと、この者が帰ります時に言わせてください。私の言うことは、全然聞き入れません。あなたから申されたことこそを恐れますので、申すのです。この書状は私にお返しください。

【すけ六《（助）》にも、かうつる《（幸鶴）》きけん《（機嫌）》にさわり《（障）》候とも、よく〳〵いけん《（異見）》をも申し候へと、この物かへり《（帰）》候するとき御ゆわせ候へく候、われ〳〵《（我々）》申す事おは一かう《（向）》きゝ《（聞）》まいらせ候ハす候、そなたより御申し候事をこそおそれ《（恐）》候まゝ、申す事にて候、このふミ《（文）》こなたへ給ひ候へく候、又々かしく、
（中略）御心へ《（得）》ニ申しまいらせ候、又かうつるかた《（幸鶴方）》へわれ〳〵《（我々）》申す事とも、すけ六《（助）》なとかいけん《（異見）》とも、よく〳〵きゝ《（聞）》候へと御申して給ひ候へく候、又々かしく、】

省略した前半部の具体的な事情はわからないが、誰か、本来土用の供養法について気を配るべき立場にある者が、「何やかやといって疎《おろそ》かにしているようである、それなのに、満願寺には何がしかの供養でお出かけとのこと、私は承知しておりません、このような次第でお知らせに及びますが、くれぐれも私から聞いたとは仰らずお命じになってくださ い」といったような趣旨の文面である。尾崎局は、家内の行事にも気を配り、隆元に情報提供している。隠密に知らせたので、書状の返却を求めている。これも、家内の人々に対する配慮であろう。

我が子に手を焼く尾崎局の懇願

さて、この書状の後半部は、幸鶴に手を焼く尾崎局の懇願である。助六（国司元武）は、幸鶴の傅役（養育係）で、のちに、粟屋元種《もとたね》とともに輝元の奉行人になる人物である。母親や、毛利家の惣領となる立場の幸鶴を指導、輔佐する役としてつけられている国司元武の言うことを聞き入れないやんちゃな幸鶴であった。戦陣にいて、間近で幸鶴に惣領教育を施すことが難しい隆元は、書状のやりとりでその様子を知り、尾崎局と相談しながら、できるだけ訓育に関わろうとしていたのであろう。

宛先の「さゝめ御やと」は、『角川日本地名大辞典』「佐々部」項によると「古くは佐々目とも書いた」とあり、隆元の終焉の地であった可能性もある。とすれば、六月の土用が話題になっているので（永禄六年の立秋は七月十一日で、六月の土用は二十二日に入り、七月十日に明けている『日本暦日便覧』）、この書状は、八月四日の隆元急逝にほど近い発信ということになる。しかし、同様のやりとりが二人の間で頻繁にあったであろうことは容易に想像できるため、宛所のみでこれが二人の最後の音信であったかどうか即断することは難しい。

隆元卒去後の尾崎局

当主急逝による家内の動揺

毛利家当主隆元《たかもと》の急逝を承け、嫡男幸鶴《こうつる》（輝元《てるもと》）が家督を相続することになるが、その時、幸鶴は一一歳で、元服前であった。父隆元の時と同様、幸鶴も祖父元就《もとなり》の後見を頼りにすることになった。

「長府毛利家文書」一九の策雲玄竜《さくうんげんりゅう》（吉田興禅寺《こうぜんじ》住持、元就の信頼の厚い僧で、しばしば大内氏との交渉にあたり、京都の事情にも詳しかった）あて、永禄六年（一五六三）に比定される閏十二月二十四日付、小早川隆景《こばやかわたかかげ》書状には、隆元を喪《うしな》った後の元就の落胆ぶりが記されている。「元就の本心は、思われているよりも一通りでなく、死を観念されております」、「子に先立たれた気塞がりの一部始終は、あれもこれも、どうにもならないことで、心の紛らしようもなくたまらないことに思っておられます。こうなった上は、我が身一人、なんとでも死んでこそ共に行くことの本来の望みであると仰って、何にしてもその時は、命を投げ出す案配につくづくと考えをめぐらせるばかりでした。元春《もとはる》も私も昼となく夜となくはらはらするばかりでした」、「どんな形の出家でも法師になり、どこに住んでもかまわないので、だいたい元春や隆景の身の処し方など一向に知らない、どうにも対処のしようのない状態になり下がってしまったと仰るだけです」など、隆元の後を追って死にたい、出家したい、もうどうにもできないと悲嘆にくれている。

隆景も「申したいことは数限りなくございますが、さしあたってたいへん混乱しておりますので、取りあえず一筆を認《したた》めました」と書いており、隆元の卒去から半年が経っても、なお動揺が収まらない毛利家の有様《ありさま》が見て取れる。

元就は、失意の中で、残された子どもや家中の者たちのため、「一身の朦気《もうき》を以て家崩」（我が身一つが子に先立たれた気塞がりのために家を崩す）ことを諫止する元春や隆景の説得により、隆元への弔《とむら》いと思い定め、七〇歳の老体を押して出陣したことが綴られている。それだけになおいっそう、「常栄《じょうえい》（隆元法名）」への「届」にしたいと隆景は決意を述べている。また、幸鶴のための祈念を念入りに依頼もしている。

惣領教育に臨む不退転の決意

当主の突然の死によって混乱の極みに陥った毛利家であったが、尾《お》崎局《ざきのつぼね》がその時どうしていたのかを如実に語る書状は見いだせていない。ただ、隆元を喪った尾崎局の不退転の決意を示す書状が残されている（『毛』一三二九）。宛名は、「かつら《（桂）》さへもん《（左衛門）》大夫」（桂就宣《かつらなりのぶ》）であるが、実質的には元就にあてて書かれたものである。発信は、「おさき《（尾崎）》　こしゝう《（小侍従）》」である（書状原文省略）。

内藤隆春《たかはる》（尾崎局の弟）によって申し聞かせられましたことについて、一つ一つ承知いたしました。以前も、五竜局《ごりゅうのつぼね》様（宍戸隆家《ししどたかいえ》室、元就女《むすめ》）にも申しあげましたとおり、私がこのようにしておりますからには、輝元の内々の心持ちのことは、精一杯私が抜かりなく申し聞かせますので、そのことに関しましては、ご心配は必要ありません。何事も隆元がおりました時と異なるようなことは必要ありません。輝元も内々には、

（追伸）その言い分に同じように申しております。間違いなくきっと精一杯、私が抜かりなく申し聞かせます。そのことにつきましては、心配なくお思いになってください。万が一、手抜かりのことを（お聞かせになることが）必要とお考えになるときは、こちらへ事前の連絡をせず（そちらの判断で）申し聞かせていただくことは、何より

ありがたく思います。

発信の年月日は不明だが、幸鶴ではなく輝元と書いているので、幸鶴の元服（永禄八年二月）以降であることは確実である。隆元の卒去から、一年半以上の月日が流れていることになる。

前章でも触れたが、幸鶴の元服前には、元就から中の丸へ、幸鶴の惣領教育には、「かもし御いけん（生母の異見）」が重要であり、尾崎局と相談して幸鶴の惣領教育にあたってほしいとの書状が発信されている。元就は、父親を喪った子には、母親の訓戒こそが重要と考えている。

元就が内藤隆春を使者として尾崎局に連絡した事柄が、具体的に何であったのかはわからない。五竜局からも働きかけがあったらしいので、毛利家と周辺の一族に関わることであった可能性もあるが、輝元の心持ちに関することであったことは間違いなく、また、尾崎局は、自分がいる限り、隆元の生前と同様でよいと強く言っているので、右のような惣領教育に関わることであったのかもしれない。

隆元と相談しつつ、幸鶴の養育にあたっていた尾崎局は、その相談相手を喪い、元就や中の丸、また、元春や隆景などの助力を得ながら、我が子が、毛利家の当主としてふさわしい器量を示せるように尽力することを誓ったのであろう。元就の悲嘆から類推するに、隆元の急逝は、尾崎局にもかなりの衝撃を与えたに違いないが、気丈に事にあたろうとする局の気概を感じさせる書状である。

続いて、隆元を喪った後、尾崎局が元就の指示に従って、どのように輝元の養育にあたっていたのかを少したどってみよう。

過度の飲酒を戒める

まず、輝元の飲酒についての元就の忠告である（『毛』五九九、書状原文省略）。

（上略）輝元のことですが、先日から酒をいささか飲んでいるように見えます。小さなお椀に一杯や二杯程度なら心配はありません。中くらいの椀に二杯も飲めば、人も（酔って）身体の器官の働きが失われるものですから、何とかしてお膳を取り下げるということです。冷たい味噌汁用の椀に一杯や二杯程度でなければ飲まないように十分に注意して、こっそりと仰ってください。私の親類は、残らず酒で死んでしまったので、このように申すのです。酒をお飲ませにならないよう十分に注意して気をおつけになってください。このことが大切です。私の親、祖父、兄は、みな酒で死んでしまいました。祖父は三三歳、親は三九歳、兄は二四歳、一つ残らず酒のせいだけで死んでしまいました。下戸《げこ》なので私はこのように長生きしております。酒を飲まなければ、七〇歳八〇歳まで健固でいられて、悦ばしいことです。重ねて申しあげます。

輝元の飲酒の量を案じて、あまり多くを飲ませないようにと言っている。父も、祖父も兄もみな酒のせいで早死にしたが、自分は下戸なので元気でいられるのだと、局に酒量が増えないよう十分注意するように指示している。

内を治めるは母の務め

次は、輝元の養育についての「こしゝう」（尾崎局）への元就の書状である（『毛』六〇〇）。

このたびは、わずかばかり申しあげたいことがあり、お気持ちを承ったところ、輝元に筋道をたてて説明されたことを、詳しく承りました。まことに嬉しく思います。嬉しく思います。とりわけ輝元からも尋ねられたことなどがありましたので、そのようなことをあれやこれや申しあげました。言い聞かせることも難しくはありますが、お尋ねになって、しかとお聞き届けになってください。繰り返し万事悦ばしいことです。

【此ほと（程）はいさゝか申しまいらせ候事候て、御ゐ（意）をうけ（承）候ところに、てる（輝）元ニおほせ（仰）

わけ《（分）》られ、こま〳〵《（細々）》とうけ給はり候、まこと《（誠）》に〳〵めてたく候、めてたく候、ことにてる《（輝）》元よりもあひたつね《（相尋）》られ候事共候ま丶、さやうの事又かれこれ申しまいらせ候、申しわけ《（分）》られかたく《（難）》候へとも、御たつね《（尋）》候て、きこし《（聞）》め《（召）》され候て給ふへく候〳〵、くれ〳〵よろつ《（万）》めてたく候〳〵、かしく〳〵】

内容については、例によって詳らかでないが、尾崎局が元就の意を承けて、輝元の訓育にあたっている様子がわかる。元就が「かもし御いけん《（異見）》かんえう《（肝要）》に候」と書いているのは、「内」を治めるのが母親の務めであるとの認識に基づいてのことであろう。妙玖《みようきゆう》や中の丸、乃美大方《のみのおおかた》に我が子の訓育を担わせたのと同様に、父親を喪った孫輝元の訓育にも、祖父である自分だけでなく、生母尾崎局の力が大いに重要だと考えている。戦のため不在が続きがちであったことも、その理由の一つではあろう。

当主の心得を厳しく諭す

次の書状は、尾崎局から「大郎」（輝元）へのものである。発信の年月日が未詳のため、これがどのような事情で発信されたものかわからない。また、元就生前のものであるのかどうかもわからないが、局の輝元への厳しい口調がうかがえるので見ておきたい（『毛』一三二一）。

陣からこの書状を仰いました。私は、すぐに呼んだのではありません。内蔵丞（粟屋元種《もとたね》か）もただちに行ったので、一向に知りません。真っ先にお呼びになってはなりません。人を使いとしてやって延期してください。ひたすら覚悟を決めればよいものを、あれこれと悩むので、いっそう困ったことになるのです。この頃の内々の呼びごとは役に立たないと私は申したのです。お呼びになることはなりません。内蔵丞にこの書状を遣ってください。

一　商い人は来ましたか。誰かが見て取りましたか。役にも立たない物を手許に置いていては、面倒です。今日は、城に上がっておられますか。都合がよければ、お出かけください。それでなければ書状でうかがいます。

【ちん《陣》よりこのふん《文》おほせ《仰》候、我〳〵ハた丶いま《只今》よひ《呼》候ハんにてハ候ハす候、くらのせう《内蔵丞》もすくにゆき《行》候ま丶、何ともしら《知》す候、まつ〳〵御よひ《呼》候ましく候、人をつかハし《遣》候て御のへ《延》候へく候、一かう《向》おもひ《思》きり《切》候へハよく候に、うきしつミ《浮沈》申し候へハ、一しほ《入》せうし《笑止》にて候〳〵、このほと《程》、うちのよひ《呼》事むやく《無益》と、我々ハ申し候ッる、御よひ《呼》候ましく候、くらのせうかた《内蔵丞方》へこの文御やり候へく候、

一　あき《商》人きたり《来》候や、たれ《誰》か見候てとり《取》候や、やく《役》にもた丶《立》ぬ物ともとり《取》おき《置》候てハ、さうさ《造作》にて候〳〵、けふ《今日》ハ御あかり《上》候ましや、ほうとくよく候ハ丶、御出候

へく候、さ候ハすハ、文にてうけ給はるへく候、又々かしく、】

「ほうとく」の意味は未詳であるが、文脈から、「都合」あるいは「機嫌」などといった意味合いを想定してみた。この書状の具体的な内容はわからないが、傍線部などかなり厳しい書き様である。輝元が元服してのち、あまり時を経ていないものかもしれないが、母親の説諭といえるような書きぶりで、尾崎局の厳しい面がうかがわれる。

吉川元春・小早川隆景への謝意

次の書状は、吉川家に残されていることから吉川元春あてと推定される尾崎局の書状である（『吉』一二一六）。発信は、記載内容から、永禄十一年（一五六八）六月ではないかと考えられている（書状原文省略）。

一筆申しあげます。何よりも先に、このたび、下口《しもくち》（九州、大友氏との戦闘）にご出陣とのこと、ほんとうにほんとうに、伊予からお帰りになって、少しも休息されることもなく、引き続いて、再び下口へご出陣されるとのこと、ご苦労の大きさを思いますと、かえって（何やかやと）申しあげてもそれで申し尽くしたことにはなりません。輝元のためをお考えいただき、このようにご苦労しておられることは、ほんとうに恐れ多いことと申せましょう。このたびのご奔走（軍勢を出すこと）のことは、決してあれやこれやと申し尽くせるものではないと思っております。輝元はまだ年幼いので、このようなご恩の度合いを、確かに適切に判断できないとお考えになりまして、表立たぬように私からも心を込めて申しあげよとのことでした。

（追伸）引き続いてこのようにご苦労をなさってくださること、いかにしてもあれやこれやと申すだけではありません。輝元もこのたびのことについては、何としてもあなた様方と同様に下口まで出陣して参上しなければと申します。どなたも下口での戦闘は、すぐに思いどおりに終えられて、凱旋されるでしょうから、間違いなく喜ばしいことだけを、なおのこと承りたく思います。また、この二折の品をお目にかけます。（お礼の気持ちとして）お届けします。

どうやら元就の意向で、尾崎局から、元春と隆景に対して（「御かた〳〵さま」とある）礼状と礼の品を届けたものと思われる。この時、輝元も、伊予から帰陣してすぐの元春へ、また九州への出陣を命ずることについて、書状を出している（『吉』一一八一、六月七日付）。その冒頭に、次のように記している（書状原文省略）。

一筆申しあげます。この度、下口に思いがけないことが起こり、何とも困惑させられるような容易ならざる事件となりました。それに関してご両人にも関《せき》まで行かれて九州にお渡りになり、（戦闘に）専心することをお命じになるとのことでした。伊予からお帰りになり、今日まで少しも休息されることもなく、また、下口へ出陣されること、申すのも疎かなことですが、我が家のためこのようなご奔走ご尽力が続いていくご苦労、改めて申し尽くせるものではありません。心の内に思うことの度合いは、（申しあげるのも難しいと）申しません。口惜しいことです。この後は、あなた様を親とも兄弟ともお頼み申します。しっかりとご指南をお頼み申します。（下略）

尾崎局と同様な言い回しをしている。続く文面では、「不器用で才覚もなく生まれついた自分だが、毛利家を嗣ぐことは避けられないので、ご両人のご指導で何とかやってゆきたいと思っている、お目にかかってあれこれと申しあげたいが、取り乱れている時なので、まず書状でだいたいのことをお願いする、何事も対面して申しあげたい」と書き、追って書きでも、重ねて「返々、何篇頼み申す計候〳〵」（何にしてもお頼み申すばかりです）と書いている。

元春、隆景に転戦を強いることについて、母子が共に丁寧にありがたいという思いを伝えている。おそらく、このことに関して、元就の意向が働いていたのであろう。

以上のように、尾崎局は、元就の意向を承けて、輝元の健康管理や、当主としての心得や家内の人々への心配りまで、輝元の生母として、「内」を治めることに腐心していたのである。

輝元と姉

続いて、尾崎局と津和野《つわの》の吉見広頼《よしみひろより》室となった娘との関係を見ておきたいが、その前に、輝元と姉との関係をうかがうことのできる書状を紹介しておこう。

『毛』一三二五号は、『大日本古文書』が「毛利隆元夫人大内氏消息」としているものであるが、その記述・内容から、発信人は輝元の姉と考えるのが自然である。「少の大郎」（輝元）への「御返事」である。

私が（吉田まで）上ることについて、下（津和野）にわざわざ書状で仰ってくださったこと、うかがいましたが、戦の最中であるから、上らせることはできないとのこと、どうにも悲しく思います。どうであっても、お祖父様がご健勝のうちに、一度お目にかかりたいと願っているのです。明年の春には、どのように言われようとも、あなたに迎えをお願いして、必ず（吉田）に上ります。何としても今年中はお祖父様にはお元気でいらっしゃってほしいということなのです。格別に老いられたということをうかがいましたので、いっそう参上したいと思います。そちら方面は確かにお考えのままとうかがいましたので、私一人で嬉しく思っております。そちら様のご懸念やご苦労はさぞかしと、残らずこちらで朝夕思うばかりです。そうはいっても、このたびは、どこもお考えのとおり（上首尾）になって、悦ばしいことです。吉田でも、母上様、お祖父様、お変わりもなく、ご気分よく過ごしておられるとのこと、嬉しく存じます。繰り返し繰り返し、近いうちにご凱旋のことをうかがいましたら、上らなければ、かねてからの願いとはいえません。明年は、どうにでもして上りたいと思います。

（追伸）お忙しい中で、よくまあ、お心を寄せていただき、わざわざの書状、嬉しく思います。こちらからこそ、再三書状でも差しあげたく思いますが、遥か遠くにおられますので、思いながらもつい時が過ぎてしまいました。ご気分よくお過ごしでしょうか。いつもいつも、うかがいたく思っています。何度も何度も、今年は上ることはできないと仰るので、来春は必ず呼んでください。

【返々、御事しけき《繁》中へ、よくそ〳〵おほし《思》めし《召》より、わさとの御ふミ《文》、御うれしく《嬉》おもひ《思》まいらせ候、こなた《此方》よりこそ、さい〳〵文ニても申したく候へとも、はる〳〵の御事ニて候へは、おもひ《思》なからうち《打》すき《過》まいらせ候、御きあひ《気合》ともよくおハしまし候や、いつも〳〵うけ給はりたく候〳〵、くり返しく〳〵ことし《今年》御のほせ《上》候ましくとおほせ《仰》候まゝ、はる《春》はかならす《必》御よひ《呼》候へく候、めてたく又々かしく、

我〳〵のほり《上》の事につき、下へもわさと文にて御申し候よし《由》、うけ給はり候へとも、御ちん《陣》中の事ニて候まゝ、御のほせ《上》候ましく候とおほせ《仰》候まゝ、なにと《何》も〳〵せうし《笑止》ニて候、何としても、ちいさま《祖父様》御けもしのうちに、一たひ《度》御め《目》にかゝりたきとのねん《念》もしニて候、めうねん《明年》のはる《春》は、なに《何》と御申し候とも、そなたへむかひ《迎》をこい《乞》候て、かならす《必》のほり《上》まいらせ候へく候、なに《何》としても、ことし《今年》中ちもしさま《様》御けもしに候へかしと申す事ニて候、ことのほか《殊外》御としより《年寄》候よし《由》うけ給はり候へは、一しほ《入》のほ《上》りまいらせたくこそ候へ、その御かた《方》いよ〳〵おほしめ《思》《召》し候まゝのよし《由》うけ給はり候へは、我〳〵ひとり《一人》とめてたくこそ候へ〳〵、さそ〳〵それさま《様》の御きづかひ《気遣》御しんらう《心労》、さなから此かた《方》ニてあさゆふ《朝夕》申すはかりニて候〳〵、さりなから、こんと《今度》ハいつかた《何方》もおほしめ《思》《召》すまゝになりまいらせ候て、めてたくこそ候へ、よした《吉田》にも、かもしさま《様》、ちもしさま《様》なに《何》事なく、御きあひ《気合》よく候よし、御うれし《嬉》くこそ候へ〳〵、くれ〳〵もちか〳〵《近々》に御かいちん《開陣》のよし《由》うけ給はり候に、のほり《上》候ハて、ほひなふ《本意》こそ候へ〳〵、めうねん《明年》はなに《何》としてものほり《上》まいらせ候へく候、めてたく又々かし

く〕

祖父元就が元気なうちにぜひお目にかかりたい、母上もそなたも元気で過ごしているだろうか、戦況は上首尾で喜んでいるなど、家族のことを心から案じていることがわかる。当主としての輝元の苦労を思いやりながら、どうしても迎えを寄こしてほしいと頼んでいるところなど、この書状の叙述は、姉から弟への口吻がよく反映されている。津和野の吉見家に嫁した後も、生家との繋がりを大切に思う、情の厚い性格であったらしい。また、良好な家族関係であったこともわかる。それは、母と娘の関係においても同様である。

尾崎局と娘

右の書状からは、吉見広頼室となった娘（吉見局あるいは津和野局と呼ばれる）が、婚姻後も、生家と強い絆を保っていたことがわかるが、同時に、婚家吉見家のことについての配慮を、生母尾崎局を通じて、元就に働きかけてもいる。一例として、元就が、「おさき御つほね」（尾崎局）と「よしミ御かた御つほね」（吉見広頼室）の二人にあてた九月四日付の返信（起請文《きしょうもん》）をあげてみる（『萩』巻六「毛利伊勢」二）。長文のため、一部を紹介するにとどめる（書状原文省略）。

吉見とこちらとの間に雑説《ぞうせつ》（世間に流布する根拠の明らかでない噂）があると、先日、吉見広頼からの書状を見ました。返事を申しました。また、このたびは、吉見局からの書状を見ました。なんとまぁこのようなことを、どんなふうな者が言って、正頼《まさより》、広頼が取り上げられて、このように仰ったのでしょうか。

一　そなた様もご存知のように、吉見殿に表裏（うわべだけ取り繕った偽りの言動）がおありになるというようなことは、今日まで私はうかがったことはありません。このような雑説を申すようなことは聞いていません。きっとそちら様などのお耳にも入っていないと推測いたします。あるいは、お耳に入ったのでしょうか。うかがいたく思います。（中略）

このような雑説を、元就においてはうかがわないことがよきことと思います。このように吉見の家と毛利の我が家が申し談じている上にも、仰ることがあるのであれば、あまりにもけしからぬことであるので、返事をするのも困惑することです。これ以後は、元就には何も言ってこられないようにしてくださるのが、よきことです。それについて、宝印の裏に（起請文を書いて）お二人に差しあげます。（下略）

元就の書状から、吉見家と毛利家との間柄に隔意があるのではないかとの疑いについて、吉見広頼、また、広頼室からの書状があったことがわかる。元就は、この書状に、吉見が城砦を作ろうと作るまいと毛利は関知しない、孫娘を嫁に入れ、広頼が彼女を置いている

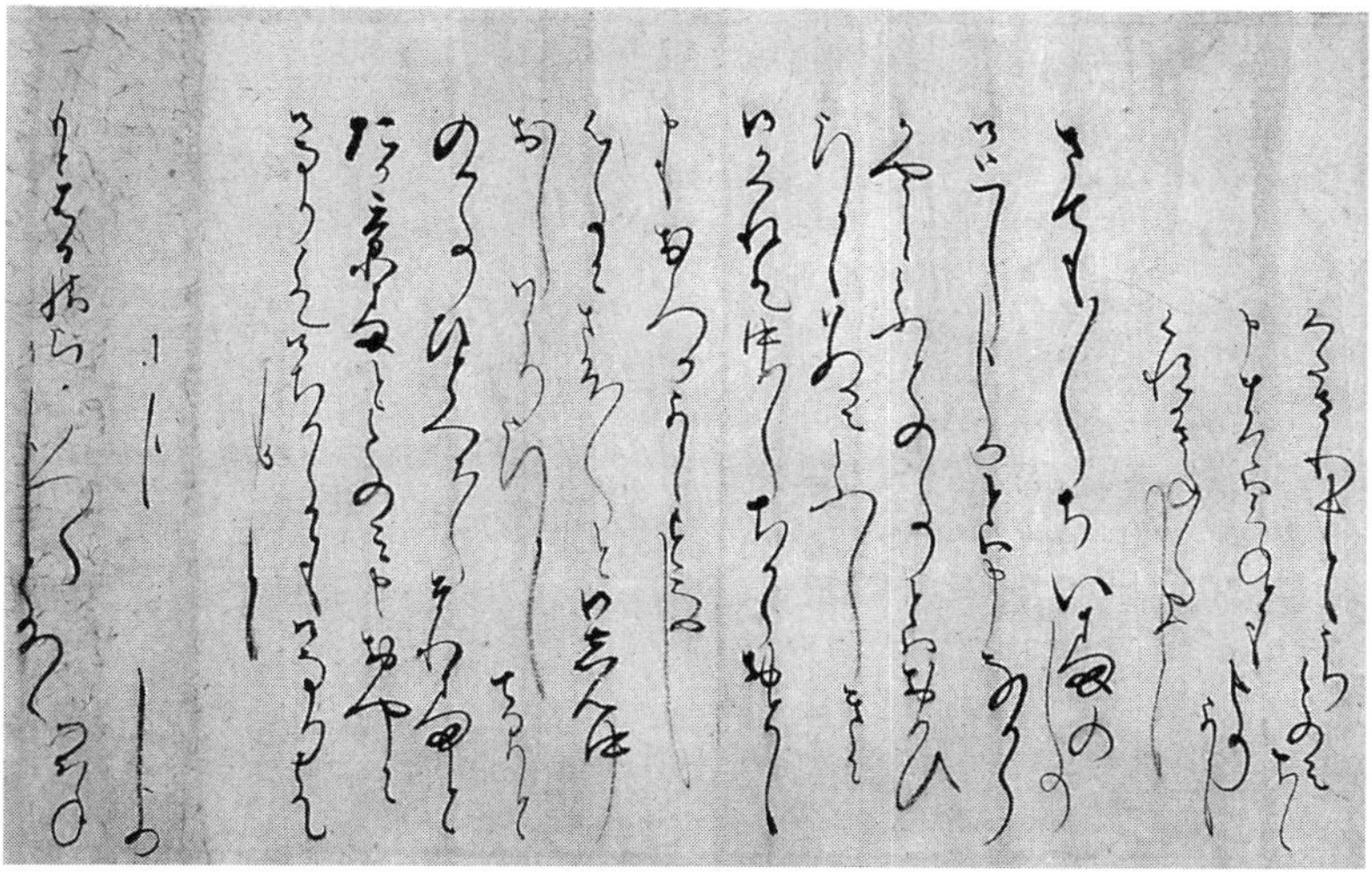

図15　尾崎局書状（『毛利家文書』1326，毛利博物館蔵）

以上、疑いを持つはずがないなどとも書いている。元就は、その上に、九月二十八日に、吉見正頼、広頼父子に対しても「尾崎局方・津和野御局方」へ「神文」を差しあげた、自分の心底の趣は申しあげたとおりである、このような「雑説」は、「曲《きょく》無《な》し」（適切な配慮に欠けるさま）であると念押しの書状を発信している。これらの書状に、吉見広頼室だけでなく尾崎局も出てくることから、娘の願いを承けて、尾崎局が何らかの動きをしたことがわかるのである。

元就卒去後の尾崎局

元亀二年（一五七一）六月十四日に、毛利家は柱であった元就を病で喪うことになる。享年七五歳であった。尾崎局は、元就の卒去を承けて、出雲の陣中にあった元春に悔やみ状を出している（『毛』一三二六）。

ほんとうにまぁ、お祖父様のことは、お年を召していたとはいいながら、このように不意のこととは思いませんでしたのに、思いもよらずお亡くなりになり、まことに落胆していることは、申すまでもありません。（私と）同じようにさぞかしお力落としのこととご心中をお察しいたします。輝元のことは、ひたすらそなた様と隆景様とをお頼り申します。（輝元の）親になっていただき、お力になっていただきたく思います。お願いいたします。申すまでもないことではありますが、申します。重ね重ねお願い申しあげます。

（追伸）

【くた《（下）》され候へく候、うちたのミ《（頼）》申し候〳〵、申すまてハ候ハねとも、申す事ニて候、御悦かさね《（重）》〳〵申し候へく候、

さても〳〵ちいさま《（祖父様）》の事、御としより《（年寄）》とハ申しなから、かやうにふと《（与風）》の事とハおも《（思）》ひまいらせ候ハぬニ、ふしき《（不思議）》に御かくれ《（隠）》候て、中〳〵ちから《（力）》おとし《（落）》、申すもおろか《（疎）》ニて候、をなし《（同）》御事に、さそ〳〵と、御しん《（心）》中おし《（推）》ハかり《（量）》まいらせ候、てるもと《（輝元）》の御事、ひとへ《（偏）》に〳〵それさま《（様）》と、たか《（隆）》景さま《（様）》とたのミ《（頼）》申し候、おや《（親）》に御なり候て、御ちから《（力）》

にも御なり候て】

この時輝元は一九歳であった。元就の死は毛利家にとっても、局にとっても大きな喪失であったはずである。悔やみ状の最後に、輝元のことは偏《ひとえ》に元春と隆景におすがりするしかない、親になったと思われて何とぞお力添えをと懇願している。後見の元就を喪っては、もはや頼りにできるのは叔父たちしかいないのは自明のことであり、元春も隆景も、当然輝元の補佐をする覚悟はできていたに違いない。それは重々承知の上で、それでも、あえて、「申すまてハ候ハねとも、申す事ニて候」と、このような書状を認めずにはいられない母親の真情があふれている。隆元が健在であればと、今更ながら口惜しくも悲しくも思われたであろう。

この書状のほかに、この時期の発信と確認できる書状は見いだせておらず、尾崎局が、元就卒去後に、どのような思いで輝元の訓育を続けていたのか、残念ながら知ることはできない。それは、局が、元就卒去後、あまり時を経ずに亡くなったことと関係しているのかもしれないが、その前に、尾崎局は、娘にも先立たれている。

娘の死―尾崎局の歎き

尾崎局は、娘を他家に嫁がせた後も、たびたび連絡を取り合っていた。その娘は、元就卒去から程なく、元亀二年十月六日に没している。その時の尾崎局の様子を十月十六日付吉見正頼あての元春の書状から知ることができる（『萩』巻六「毛利伊勢」八）。

去る十三日のご書状が本日十六日に届き拝見しました。そちらの尾崎御局の思いがけないこと（ご逝去）は致し方なく、（嫁に）先立たれた気塞がりのご様子をお察しするばかりです。こちらからこそまずご挨拶すべきところですが、吉田の尾崎大方（尾崎局）が前後もおわかりでなく、（私への知らせも）忘れ去り、しかるべく処置もできないので、不意にそのようなことが起こり、取り乱してしまい、お知らせを（先にいただくことになり）口惜しく思います。私まで気が塞がってしまうような有様、お察しください。広頼様のことは言うまでもなく、あなた様のお嘆きお悲しみをお察しします。（下略）

【去る十三日の御状、今日十六到来拝見候、其許《そこもと》より尾崎御局方不慮の御事是非に及はす候、御朦気《もうき》の段察する計に致し候、是よりこそ先す御意を得へく候処、吉田尾崎大方前後を弁《わきま》へられす、忘却沙汰に及はす候間、与風《ふと》罷《まか》り出て、さ様の儀取り乱れ

罷り成り御報口惜しく候、我等迄朦気の段御察成らるへく候、広頼の御事は申すに能はす候、御方様御愁傷察せしめ候、（下略）】

娘を喪った母親の茫然自失の歎きの様が元春によって語られている。吉見に嫁した後も、里との関係を保ち、生母とも頻繁に書状のやりとりをしていた娘に先立たれた尾崎局の驚きと悲しみは、深かったはずである。元就を喪った悲しみも癒えないうちに、引き続く娘の死去である。局の嘆きは計りしれないものであったろう。

元春は、このほかに、輝元はあいにく備中方面に出張《でば》っている途中で挨拶が遅れること、正頼と元就の代からの浅からざる両家の関係なども説いている。年若い輝元に情けをかけ、助けてほしいとも言っている。毛利と吉見の家を繋ぐ役目を担っていた局の死去により、互いの間に隔たりが生じないよう、改めて元春が配慮したということであろう。

尾崎局の死

元就の卒去から一年余り後の元亀三年九月晦日に、尾崎局は亡くなっている。そのしばらく前から体調を崩していたらしい。娘の死が尾崎局から気力を奪ってしまったのかもしれない。「浦家文書」二五、乃美少輔四郎への八月十日付返信で、輝元は、「尾崎局の患いについて、わざわざお見舞いいただいたことは、悦ばしい限りです。一、二日、わずかに病気が治りました。ますます油断なく療養しますので、軽減されることでしょう」と書いている。乃美少輔四郎（『大日本古文書』は元信に比定するが、未詳）からの見舞状への礼状である。発信年は不明だが、もし元亀三年のものであるとすれば、尾崎局の逝去直前のやりとりということになる。この書状によると、この時は、尾崎局は小康を得ているようである。

さて、最後に、局の没後、弟の内藤隆春が毛利家に提出した元亀三年十月十二日付、起請文を見てみよう（『毛』三三七、書状原文省略）。

謹んで言上いたします。我が家のことは、隆世《たかよ》が自害した時、断絶すべきであったところ、（私、隆春が）ご当家に従い、存続させていただけることになった事情は、まことに、大方様（尾崎局）のご厚恩の賜であることは紛れもないことです。そうであれば、内も外も（何事についても）ご意見をうかがう有様でありましたところ、このたびご逝去とのこと、私一人、茫然と立ち尽くすばかりで、言い表すことばもありません。深い嘆きはますます日を追って増してまいります。隆春は、遥か遠い国にいますので、当地に行き着いても、ことば巧みに他人を陥れようとする人がいることは予想できます。万が一、上様のご意向にもお疑いがあってご決断できないようなことがあるようならば、ただちに問い糾していただければ、ありがたく存じます。我が身の処し方はもちろんのことですが、大きなご恩は忘却いたしません。改めて申しあげるようなことではありませんが、その上に二心《ふたごころ》のない覚悟でいること、上様のご意向に従うことも、ますますお恵みを施してくださること、同時にまた、妙寿《みようじゆ》様（尾崎局法名）に対され、訴人《そにん》がいることに関しては、その真偽や軽微なことか重大なことかということを尋ね調べて事実をはっきりさせていただければ、満足に思います。隆春のこと、何にしても異心があるならば、天地のすべての神に誓って、罰を受けましょう。起請文として差しあげます。

内藤隆春の甥、内藤隆世が弘治三年（一五五七）大内義長《よしなが》を奉じて毛利に反抗した上、自害して果てた時、本来であれば内藤家は断絶するはずであったものを、隆春が毛利に従うことで免れたのは、ひとえに尾崎局（「大方様」）の働きかけがあったからである。それゆえ尾崎局の逝去は、内藤家にとって由々しき出来事であったに違いない。毛利と内藤を繋ぐ糸が切れてしまったということで、隆春は、急ぎ、起請文を毛利家に出したものであろう。

尾崎局が、毛利に嫁したことには、毛利家にとっても内藤家にとっても、大きな意味があった。

図16　郡山城尾崎丸跡（安芸高田市歴史民俗博物館提供）

娘の吉見広頼室の場合もそうであったように、実家と婚家との架け橋となって、調停や意思疎通を図る役割を果たすことも、彼女たちの使命の一つであったといえよう。

尾崎局の担ったもの

大内義隆《よしたか》の養女として毛利家に入った尾崎局は、実家内藤家を通じて、大内、毛利という二つの家の間の連絡調整といった役割を担っていた。また、戦地に赴くことの多かった当主隆元に我が子幸鶴の様子について報告し、相談しながら養育にあたっていた。夫の死後は、元就や元春、隆景の助力を得ながら、惣領教育に力を注いでいた。また、実家の内藤家や娘の嫁ぎ先である吉見家にも目配りをしていたことがわかっている。隆元に家内の状況について報告することもあった。次代当主輝元の訓育のみでなく、大きくとらえれば、一族内、姻戚関係にも配慮し、関与していたということであろう。

残された書状を見る限り、元就代ほど顕著ではないが、尾崎局の場合も、元就の考える「内」を治める役割を担っていたことが確認できるのである。

毛利輝元と妻室

正室宍戸氏と嫡男秀就生母の二之丸

毛利家は、戦国時代、織田信長《おだのぶなが》、豊臣秀吉《とよとみひでよし》、徳川家康《とくがわいえやす》らの覇権争いに翻弄され続け、元《もと》就《なり》時代の領土を失い、防長二国に減封《げんぽう》されることになった。この時、毛利家当主であったのは輝元《てるもと》であるが、本書では、輝元の事績を追うことはしない。

本章では、まず、毛利輝元の妻室について、残されている書状から推測できる範囲で、人柄や動向について確認し、その後、輝元自身の述懐や子どもたちへの訓戒状を読み解いてみることにする。

図17　清光院像（萩博物館提供）

宍戸家からの縁組み要請

輝元の正室（南ノ御方・清光院《せいこういん》）は、宍戸隆家《ししどたかいえ》の三女である。永禄元年（一五五八）戊午《つちのえうま》生まれ、寛永八年（一六三一）六月二十日山口宮野で没している（年七四歳）。母は、元就の娘五竜局《ごりゅうのつぼね》で、元就の孫娘でもある。つまり、この婚儀は、すでに婚姻関係のある宍戸氏とさらに縁組を行う重縁《じゅうえん》であり、毛利家と宍戸家の絆をより強固にするためだったと考えられる。ただ、ここに至るまでにはいささか紆余曲折を経ている。

二月五日付、隆元から宍戸隆家にあてた「五竜此方縁辺《えんぺん》の一通」、五竜（宍戸氏）と此方（毛利家側）との婚儀に関する申し入れは、永禄六年のものと考えられている（隆元自筆書状案『毛』六八五、書状原文省略）。

幸鶴丸《こうつるまる》の縁談のことを相談いたします。間違いなくいついつまでも久しい話でめでたいことです。万が一、それとは別に、我が家（毛利家）のために、幸鶴の縁談の申し入れに支障がある時は、海賊殿（隆家《たかいえ》息男元秀《もとひで》）との縁談を相談いたします。これも同じように差し支えはありません。そうである以上、どこかから何かと言ってこられても、右の趣は、神に誓って違えることはありません。後日のために一筆さしあげておきます。詳しくは、元就隆景《たかかげ》が申されるでしょう。

破談の場合の措置まで書いており、縁談の申し入れにしては、異例の内容である。傍線部「何方よりなにかと申す儀有りと雖《いえど》も」については、次の隆元《たかもと》あて元就書状から類推できる（『毛』四八四、書状原文省略）。

昨日、隆景が言っていた五竜の中の五もし（隆家の次女）との縁談のことは、昨日、ここに登城の道すがら使者が来て、間違いなく決めたいとのことでした。これは、たいそう差し支えがあるというべきです。この方（毛利家側）の縁談のことは、今となっては似合わないということです。豊後《ぶんご》（大友氏）や出雲《いずも》（尼子《あまご》氏）などのようでなくてはならないということなのです。総じて、あの五もし（娘）は、ひときわ優れた人柄なので、惜しいのですが、五竜などとの縁談は、釣り合わないことであると、家中の者たちもいうでしょう。その時は、新庄（吉川《きつかわ》氏）へ話を持っていくのが落ち着くでしょう。だから、至急決められるのがよいでしょう。ご同意であれば、隆景がここに逗留している間に相談なさって、日山《ひやま》（吉川氏）にも五竜（宍戸氏）にも釣り合いをおとりになるのがよいでしょう。

この縁談は釣り合わないと、家中の者もきっと反対するだろうと書いている。しかし、何よりも元就自身が、今の毛利家には、大友氏や尼子氏などといった大名家との縁組がふさわしいと考えているのである。ちなみに、この時、話題となっている隆家の次女は、吉川元春《もとはる》の息男元長《もとなが》に嫁いでいる。

大友氏との縁談のゆくえ

『毛』四八三号の隆元あて書状で、元就は、次のように書いている（書状原文省略）。

五竜より「かやはい」（未詳、返配あるいは返輩か）にて申してきたことについて、具体的に示してくださったこと、承知した。

一　あの縁のことは、豊後からのことを聞いて、このように言ってきたのではと思います。ご推察のとおりだと思います。そうであるから、このことは、先刻も、家のため避けられないことがある時は、心得わきまえよとお言いつけになったことです。ほかならぬ今うかがったとおりです。豊後のことは、万が一（この話が）まとまれば、防長のためであり、これを差し置くことは難しいということで、そのことは五竜にも正しい判断をしてもらわなくてはということです。そのようになれば、そなたの娘を、かいぞく（海賊）殿（隆家息男元秀）と（縁談を）取り決めるようにということです。

一　このお返事のお話の趣は、こちらにおいでくだされば、直接相談いたします。

この時、輝元には大友氏との縁談が進んでおり、それを聞きつけた宍戸家が話をもってきたと、元就も隆元も推測している。毛利家としては、戦略上（大友氏との講和は防長両国の確保のために重要）、大友氏との縁組に大いに期待するところがあり、放って置くわけにはいかない。そのことは宍戸にも納得してもらう必要があり、もし大友氏との縁談が調えば、隆元の「ほそ五もし」（娘、のち、吉見《よしみ》広頼《ひろより》室）を「かいそく殿」（元秀）に縁組しようという話であるとして、隆元に、自分のところに直接出向いて来て、その上で相談しようと言っている。おそらく、この時の相談に基づいて、隆元が隆家にあてて、先の「五竜此方縁辺の一通」を発信したものであろう。

とはいえ、無事婚約が整ったようで、早くも二月十七日には、宍戸隆家から隆元に「御曹子・我等息女御縁」の祝儀の品が贈られている。「二月廿八日」という日付からして、これに対する隆元から隆家への返礼としての祝儀の品を贈る際の書状案が残されている（『毛』六八六）。

息子の縁について申し合わせしました。とてもめでたいことと思います。ますます長きにわたってお助けを得て、相談しましょう。よって、太刀一振り（銘正家）馬一匹（雲雀毛《ひばりげ》）を進上します。おん礼申します。なお、坂式部大夫（元貞《もとさだ》）が申し入れるでしょう。

【爰を御のけ候て然るへく候間申し候○
愚息○所縁の儀申○談し候〔合候か〕〔○合候〕、尤も目出度候、弥《いよいよ》長久御扶助を得、奉公せしむ〔申し談し候か〕へく候、
仍て太刀一腰正家馬一疋雲雀毛進せしむ候、御礼を表し候、猶《なお》坂式部大夫申し入るへく候、恐々謹言、】

この書状を添削しているのは元就である。添削は、「愚息」「申談」「奉公」の三ヵ所で、そこから、元就がすでに宍戸家（もちろん吉川《きっかわ》家、小早川《こばやかわ》家も含んだ三家）よりも毛利家が上位であるべきであると考えていることが見て取れる。

諸系図によると輝元と正室との間に子はなく、一時、穂田元清《ほいだもときよ》の次男秀元《ひでもと》を養子に迎えていたが、文禄四年（一五九五）、二之丸との間に秀就が誕生し、のちに秀元は分家した。

さて、続いて書状から見える輝元正室の人柄について見てみよう。

生家への強い愛着

輝元室宍戸氏のものとされる書状は、『毛利家文書』『吉川家文書』『熊谷家文書』に確認できる。このほか、西尾和美氏の一連の論考に、『御女中様方御書』『萩藩譜録』「中村彦左衛門矩忠《のりただ》」（山口県文書館蔵）などに収められる書状が紹介されている（西尾和美「毛利輝元養女の婚姻と清光院」、「豊臣期から江戸初期における毛利氏妻室に関する一考察」）。それ以外にも、輝元正室の動向を知る書状が何通かある。

まず、『熊谷家文書』二四七号を掲げる。「つほね」（輝元正室）から、叔父元清《もときよ》にあてたものである。

暮れ方に、宰相様（秀元）が高麗へご出発とのことをうかがいました。多くのご苦労、遥か遠くであるとのこと、何ともお忙しいこと、私一人で、苦慮しております。

一　あなた様のお具合がお悪いと聞きました。どれほど不安にお思いでしょう。疎《おろそ》かにしてまいったことをこちらで悔やんでおります。このたび、人を遣わしましたが未だに戻らず、常日頃（ご容態の）知らせをうかがいたいと言っておりましたところ、さもし（宰相）様が上ってこられて、すっかりお元気になられたとうかがいました。たいそうめでたいことと存じます。ますますのご養生が肝心と思います。

一「御もしさま」（お嬢様）が五竜（宍戸元続《もとつぐ》嫡男広匡《ひろまさ》）へご縁組とのこと、私の昔の血縁に深く思いをいたし、皆様方となおさら近しく、ご家族一門を大事にいたしたいともっぱら一筋に思っているばかりで、自分の真実のこと（ばかり）をと懸念もせずに申しあげるので、お気持ちはいかがであろうかと思いますが、私の母もご縁のある人ですので、それについて甘えまして、たびたび申しあげました。何でありましても、わが身のことは、少しもいい加減であることはいりません。まさしく五竜（宍戸家）に長く久しく迎えていただければ、私に今生後生までも親密にとのお心であると思うことでしょう。どのようなことでもご用があれば承ります。どのようにでもお世話申しあげます。

（追伸）なお、さもし様（秀元）のこと、いかほどでも大いに、ご無事でありますようにと朝夕このことだけを思っております。申すまでもありません。どうかご安堵なさいますように。

【 なを〳〵、さもしさま《（様）》の御事、いかほ《（程）》ども〳〵、御ため《（為）》よく候やうにと、あさ《（朝）》夕この御事のミ思ひまいらせ候、申すもおろ《（疎）》かにて候、御心やす《（安）》くおほ《（思）》しめ《（召）》し候へく候、かしく、めてたく又々かしく、くれ〱、さいしやうさま《宰相様》、かうらい《高麗》へ御たち《立》のよし《由》うけ給はり候、かす〱《数々》御しんらう《心労》、はる〱の御事と申し、何ともせハし《忙》さ、我〱一人ときもいり《肝入》まいらせ候、

一　御身さま御きあひ《気合》あしく《悪》うけ給はり候、いかほと《程》〱、御心もと《許》なく、なをさりこなた二てくやミ《悔》申し候、このほと《程》人をまいらせ候へとも、いまたもとり《戻》候ハて、よ《世》のつね《常》御さう《左右》うけ給はりたく申し候所に、さもしさま《様》御のほり《上》候て、御くわいき《快気》のよし《由》うけ給はり候、かす〱《数々》めてたく思ひまいらせ候、いよ〱御やうしやう《養生》かんよう《肝要》にて候、

一　御もしさま《様》五りう《竜》へ御ゑん《縁》の事、我〱むかし《昔》のすちめ《筋目》をふかく《深》思ひまいらせ候て、みな〱さま《皆々様》となを〱御ほと《程》ちかく《近》、御おやこむらさま《親子叢様》を《と脱カ》ひすちにちそう《馳走》申したき一ねん《念》はかりにて、てまへ《手前》しやうミ《正身》なる事をもとかへり《顧》ミす申しまいらせ候て、御きけん《機嫌》もい《ママ》ゝかと思ひまいらせ候へとも、我〱はゝ《母》も御ゆかり《縁》の人にて候つるまゝ、それにつきあまへ《甘》まいらせ候て、たひ〱《度々》申し候つる、何とやうにも、わか《我》身事、少しもおろか《疎》御入り候ましく候、いよ〱五りう《竜》に御ちやうきう《長久》にて御入り候ハゝ、我〱にこんしやう《今生》五しやう《後生》まて、御ねんころ《懇》の御心さしと、思ひま

いらせ候へく候、何にても御やう《用》の御事ハうけ給はり候へく候、いかやうにも
ちそう《馳走》申すへく候、めでたく又々かしく、】

秀元の朝鮮への出征に触れていることから、文禄二年（一五九三）か、慶長二年（一五九七）に比定される。元清は慶長二年七月九日に没しているので、この年のことかとも思えるが、この時は回復しているようなので、決しがたい。秀元の朝鮮出征、また、元清の病への気遣いとともに、宍戸家と元清家の縁組のことについて、自分の里と毛利家の重ねての縁に思いをいたしている。生家への強い愛着を感じさせる。

同様に宍戸家への思いがうかがわれる書状がある（『毛』一三二八）。日付は、七月五日、慶長十九年に比定される（書状原文省略）。

昨日仰った事柄を、ただちに備前殿《びぜん》（宍戸元続）に伝えようと思っていましたが、広間へ出ており、遅くに入られました。今朝は早くから上られたので、お伝えしました。このたびのことは、新しく宍戸の家を整えるようにしてくださったこと、深いご温情のありがたさには、重ねての容易でなさは、一言も（追伸）申しあげられず、末代宍戸の家が続くように、心持ちのこと、万事ご奉公方のことはいうまでもなく、この上にも手堅く聞かせたいと思いますので、ご案文を私

にくださいませ。あなた様から出していただいたとは申しません。私が思ったとおりに聞かせることにいたします。

宍戸家が末代まで永続するために、甥の元続に、毛利家からの恩義とそれに応えるべく奉公するように念を入れておきたいと言っている。この書状は誰にあてたものか不明だが、翌日付の宍戸元続の書状（『毛』一三二九）は、輝元近臣の井原四郎右衛門尉（井原元以《いはらもともち》）あてであり、内容も宍戸の家に対する「殿様」（輝元）の配慮（銀子の貸し付けや公儀の普《ふ》請役《しんやく》などの下命）についての礼状であることから、もしかすると、輝元正室の書状も、井原元以、あるいは、その他の輝元近臣にあてたものかもしれない。

吉川広正と輝元女の婚姻

次は、吉川広家《ひろいえ》嫡男広正《ひろまさ》と二之丸腹の輝元女（たけ、のち、高玄院《こうげん》）との婚姻に関する広家あて書状である。日付は十二月二十日（元和元年〈一六一五〉に比定される）、「はき」と署名している（『吉』一二一九、書状原文省略）。

しやうくま殿（広正）のご縁組のことについて、当方からおもて様（不詳・役職名か）にお申し入れになったと今し方仰ったとうかがいました。まことにそうあるべきことであるとたいへんめでたく思います。詳しくはおもて様から仰ることでしょう。

ますます悦ばしいことと思います。めでたきことです。

吉川広正と輝元女の婚姻の話を聞きつけた輝元正室が、さっそく広家に祝意を表しているものである。『吉川家文書』には、これに対する広家の礼状の写しが収載されている（『吉』一二二〇、書状原文省略）。

姫君様のご縁について、ご書状をことさらにいただき、忝《かたじけな》く存じあげます。私のところは、しもじもまで安堵し慶賀すべきことと存じあげます。殿様へもおとりなしをお頼み申しあげたく思います。前々からの間中のすべてのことなどを、中殿へ一連のお話をいたしました。このことを言っていただければ忝く思います。重ねて悦ばしく申しあげます。

宛所の「なか」は、輝元正室に仕えている女房であろう。「ひめ君様」との縁組についてご書状をいただき恐縮している、ありがたく、めでたく思っている、「との様（輝元）」にもよしなにお伝えくださいと、丁寧に喜びを伝えている。

『毛利家文書』には、この婚姻に関して広家が発した「ご縁のこと、まことに甚だしく恐れかしこまります。恐れ多いことではありますが、我が家は末代まで守りと存じあげますので、遠慮を懸念することなくこのようにしていらっしゃること」に始まる起請文《きしようもん》が収載されている（『毛』一一八三）。その日付は、元和二年七月十六日である。その翌日に発信された広家あて「毛利宗瑞《そうずい》輝元覚書」も「婚姻のことを相談したことは、毛利家ならびに吉川家のため、約束を放棄することなく相談し取り決めたこと」と始められる（『毛』一一八四）。この一連の書状は、いよいよ祝言の時を迎えた折のものと思われるが、輝元正室の書状は、その前年の暮に発信されている。おそらく、輝元が広家との関係を修復し、より強固にするために起こした縁談であろうが、それに対して早々に関心を示しているのは、元清女と宍戸広匡との婚姻について元清に書状を認《したた》めたことに通じる態度であろう。

情報不足に対する不満

『吉川家文書』には、『大日本古文書』が「毛利輝元夫人宍戸氏自筆消息」とする書状が、この他にもある（これらの書状は、吉川家においては、「二ノ丸様御手跡」との押紙が付されていたり、「宗家古文書二　輝元公　二之丸様」、「宗家古文書三　二之丸様　輝元公短冊　秀就公」と整理されていたりするものもある。宍戸氏が、二之丸とも称されていたと考えるのは難しい。また、輝元側室児玉元良女《こだまもとよしむすめ》〈二之丸〉は、慶長九年に没しており、書状の内容から、二之丸の書状に比定することも難しいと考えられる。差出人は、一三九一号以外は、すべて「いま」となっている。これらの書状は、「御あちや

図18　南ノ御方墓所

さま」〈徳川家康側室阿茶局《あちゃのつぼね》〉への依頼や、「御たけ」〈輝元女、吉川広正室〉への返信などであるが、一三九三号の宛名は、吉川広正息広嘉《ひろよし》に比定される「左馬様」である。広嘉が左馬助《さまのすけ》に叙されたのは、寛永十一年〈一六三四〉十一月二日で〈『吉』一三九七「毛利秀就加冠状」〉、寛永八年に没した輝元正室宍戸氏からの発信とは考えにくいため、「いま」という署名については、慎重に扱う必要があろう。存疑とし、今は、『大日本古文書』の判断に従っておく）。それらの中で、輝元正室は、「だいたいのことは、私へはどのようなことも隠されるので、全く（惣）お聞きすることはできませんが」（そうしての事、わたくし（私）へハ何たる事もかくし《(隠)》候まゝ、少しも〳〵うけ給はり候事ハならす候か）、「特別なことが何もない時は、最後の最後まで内にはおいでにならず、門からお帰りになると申します」（たゝ《(只)》の時ハ、つゐニうち《(内)》へハ御さ《(座)》候ハて、もん《(門)》より御帰り候よし《(由)》申し候）、「そうではありますが、表ばかりにおいでになって、裏にはおいでになりませんので、長い間存じません」（さりなから、おもて《(表)》はかりへ御さ《(座)》候て、うら《(裏)》へ御座候ハねハ、久しくそんし《(存)》候ハす候）（『吉』一三九四）、「その後は、ごく近くには最後の最後までお聞きすることはありませんので、私が聞いておりませんこともあると思います」（そのゝち《(後)》ハちか〳〵《(近々)》ニハついにうけ給はり候ハす候か、わたくし《(私)》きゝ《(聞)》申さす候事も御さ《(座)》候へく候）、「何はともあれ、明日、殿様がおなりになるとのことですが、なさることが多くおありと思っています。どれほどよりも、お出かけについては私がお聞きしないことも多くございます」（まつ〳〵明日殿さま《(様)》ならせられ候よし、御事おほ《(多)》く御さ《(座)》候ハんとそんし《(存)》候、いくよりも御出ハわたくし《(私)》うけ給はり候ハぬ事もおほ《(多)》く御さ《(座)》候へく候）（『吉』一四三二）などと、自分へは十分に情報が伝わってこないと書いている。吉川広正室となった「たけ」（輝元女）への書状であるため、何を知らされないと憤慨しているのか、軽々には判断できない。日常的な細々《こまごま》とした事柄である可能性もある（「たけ」あて『吉』一三九五号は、「てしよく（手燭）」についての話題である）。しかし、「うち

（内）」とか「うら（裏）」とか、「おもて（表）はかりへ」とかといったことを書いているところをみると、表向きの事柄であるようにも考えられる。

自身の婚姻の場合を考えてみても、「縁辺」は、政治的な意味を持っている。そのことに関与するのは、当主の妻室としての重要な役割であろう。しかし、今のところ、確認できる書状を見る限り、自身の身近に仕える家臣の家への関与はあるが、それ以上の広い範囲での毛利家一門や家臣団の政治的な事柄に頻繁に関わっている様子はあまり見えず、元就代とは異なった様相を呈してきているようである。

輝元には、数名の側室がいたとされているが、詳しくはわからない。しかし、嫡男秀就《ひでなり》の生母である児玉元良女（二之丸）については、触れておく必要があるだろう。

側室児玉元良女（二之丸）の出自

二之丸は、輝元嫡男秀就（文禄四年〈一五九五〉生）、女子（慶長五年〈一六〇〇〉生、吉川広正室）、次男就隆《なりたか》（慶長七年生、徳山毛利家祖）の生母である。慶長九年甲辰《きのえたつ》閏八月に山口で没している。三二歳であった。

はじめ杉《すぎ》小次郎元宣《もとのぶ》に嫁ぎ、のち、輝元の側室に迎えられた（二之丸が、輝元の側室に迎えられた経緯については、布引敏雄氏が、山口県文書館蔵の「杉山壱岐守覚書」「相嶋《おうしま》作右衛門覚書」の記載から推定されている〈「毛利輝元側室二ノ丸の薄幸」〉。杉小次郎元宣から二之丸を略取誘拐した当事者が、杉山土佐守元澄《もとずみ》〈杉山壱岐守就房《なりふさ》の兄〉と相嶋仁右衛門・作右衛門兄弟であったこと、二之丸が周防《すおう》野上〈現在の周南市徳山〉の杉氏の居城から出た後、各地を転々としたこと、輝元の側室になってからも、家内での立場は弱く、小早川隆景《こばやかわたかかげ》の干渉や正室への遠慮から、居場所が定まらなかったこと、それらに二之丸の生家児玉三郎右衛門元良の一族が関わっていたことなどを明らかにされた。光成準治氏は、この記録の信憑性は高いと考え、「松寿丸《しょうじゅ》の後継者としての正統性に疑問を抱く勢力も家中には存在したと推測される。そのため、輝元の実子でありながら、松寿丸が後継者として認められるまでには時間を要した」とされている〈『毛利輝元』〉。松寿丸は、秀就の幼名）という立場によるものか、就隆を産んで二年余りで亡くなっているためか、嫡男秀就の生母であるにもかかわらず、二之丸自身の書状や彼女の動向に関する史料はほとんど確認できていない。

元就、隆元代には「内」を治めるべく重要な役割を担ってきた妻室たちであったが、輝元代になると、その活動の場は、政治の表舞台ではなく、徐々に範囲を狭め、裏方に限られてくるようになっていったと考えられる。毛利家の政治的立場の変遷が、家内のさまざまな立場の人々の役割や活動を変質させたということも考えられるのかもしれない。

輝元の思い

輝元の述懐

輝元が若い頃、どのような訓育を受けてきたのかは、これまでたどってきた中でおよそ把握することができるが、最後に、当の輝元がどのような思いを抱いていたのかを、輝元自身の述懐と子どもたちへの訓戒から見ておこう。

この節では、輝元が自身について、どのようなことを書いているのかを確認しておきたい。そのために、輝元が自分の境涯について触れている書状を見ることにする。

まず、十二月十三日付、元春にあてた輝元の書状を見よう（『吉』一九四）。この書状には、発信年は書かれていないが、「さらに申しあげます。このたび、（尼子《あまご》勝久《かつひさ》攻めのため）出雲方面に出陣すること、ぜひともこのたびは私の色をつけ（自分で軍を率いる意か）

たいと思っています」という書き出しの書状も添えられているので、永禄十二年（一五六九）に比定される可能性がある。翌元亀元年正月に、輝元は自ら軍を率いて尼子勝久を征討するため出雲に発向し、元春父子も、第三子経言《つねのぶ》（のち、広家《ひろいえ》）も、隆景も従軍しているからである。

この書状で輝元がどんなことを書いているのか見てみよう。

（上略）

一　そのような時は、私の家のことは、存続できるのかと満足に思います。今となっては、私の本心の持ちようがきわめて重要なことであると思い定めています。それについて、私の存念を申します。

一　私は、ほんとうに力量もなく才知を働かせる力もなく生まれ、その上に、父常栄《じようえい》とは一一歳で別れて、ついぞ親の訓戒を受けることもありませんでした。誰々といって教え導いてくれる者もおらず、このように過ごしてしまいました。特に、西も東もわからない者に、種々の計略をめぐらして、私を欺き、どのようにもよいようにいたしますと申し、忠告の一言も申す者はおりません。ご推量ください。ほんとうに私のことは、兄弟の一人もおりません。手も力もないような有様《ありさま》で、不本意ながらどうにも対処のしようがないのです。必要もないことがある状況をこそ、最も大切なところといたしています。貴方様のことを、親にも兄弟にも思いお頼りしたいと一筋に思い詰めています。適切にご判断いただければいついつまでも永久にありがたく存じます。

一　私がほんとうに世に名の知れた優れた人を継承する者として生まれ合わせましたことは、私の不運というものでしょう。親や祖父のことは言うまでもなく、先祖にとっても口惜しいことです、毛利の家のことは、私の代に評判を損なってしまうことになり、不本意ながらどうしようもなく思うばかりです。ほんとうに、（元就《もとなり》が）これほどお年をとられた上にいったん我が家が存続するようにご尽力されたものをと無念に思うばかりです。適切にご判断ください。戦は、少しずつ範囲が広がってゆき、動きがとれなくなることもなく、このようになってゆきました。その上、ふさわしく立派な一家の者はおらず、「よくびれたる」（欲深い）者ばかりで、私を主と思っている者は一人もおりませんため、一つのきわめて重要なことであると思っているばかりです。遠い海へ小さな舟で乗り出してゆくような思いでいます。物事とは、また、そのようなものです。（下略）

【(上略)

一　然る時は、悴《かせ》家の儀、相続候かと本望に存し候、今においては、我等心底一大事と存し置き候、それにつき我等内存申し候、

一　我等事、誠に無器量無才覚ニ生れ申し、其上常栄にハ十一にてはなれ《(離)》申し、終《つい》に親の異見請け申さす、誰指南仕り候者候ハて、此如く打ち過き申し候、殊に西東も存せす候者に、さま〳〵《(様々)》のはかりこと《(謀)》おまハ《(回)》し、我々おぬき《(抜)》、何とやうにもよく仕り候すると仕り候、異見の一言も申し候物ハ御座無く候、御推量有るへく候、誠に我々ことハ、兄弟の一人も御座なく候、手も力もなき趣候、曲《きよく》無く候、入らさる事候上おこそまなこ《(眼)》に仕り罷《まか》り居り候、御方様のこと、親にも兄弟ニも打ち頼み申す一念候、御分別成られ候はは、生々世々忝《かたじけな》くへく候、

一　我々こと、誠にめい《(名)》仁の上の御手次ニ生れ合せ候こと、我等ふうん《(不運)》まて候、親祖父の儀ハ申すに及はす、先祖の御ため《(為)》まて口惜しく候、毛利の家の儀、我等代にきつ《(傷)》おつけ《(付)》申すまて候、曲無く存し置き候、誠かほと御年寄の上ニ一度《ひとたび》悴家相続候様に御短息《たんそく》候にと無念に存する計候、御分別成らるへく候、弓矢ハ次第〳〵手広く罷り成り、しまりハ候ハて此如く成り行き候、其上よき内者ハ候ハて、よく《(慾)》ひれた

る物はかりにて、我々お我々と存する者一人も候ハす候為、一〻大事と存するまで候、遠海へ少舟乗り出し候心の様候、それハまたもの事候、（下略）】

ここで、輝元は、父隆元《たかもと》（常栄）とは一一歳で死別し、その後は親の異見（訓戒）を乞うこともできず、指南も得られず過ごしてきたと言っているが、この書状は、元春、ひいては隆景に助力を願うのが主旨（「御方様のこと、親にも兄弟ニも打ち頼み申す一念候」）であるためか、元就や隆元卒去後の生母の訓育について触れることはしていない。

また、「誠に無器量無才覚ニ生れ申し」、「誠にめい仁の上の御手次ニ生れ合せ候こと、我等ふうんまて候」との自己評価めいたことも書いているが、これは、父隆元の述懐を想起させる記述である。たとえば、次の書状を読んでみるとよくわかるだろう。

図19　毛利輝元像（毛利博物館蔵）

父隆元と似通う自意識

弘治三年（一五五七）に比定される隆元自筆の覚書で（『毛』六四六）、元就の隠居に反対する隆元が、その理由の要点を書きつけているものである。同じ頃、隆景、元春あてに発信された書状のための覚書（『毛』六五六）にも共通する叙述が見られる。

（上略）

一　右の次第は、当然の成り行きとはいえ、間違いなく、元就の長い年月の軍事上の功績によるものです。このようになった家を、隆元が、長男とはいえ、才知を働かせる力もなく才能もない身で存続させることは、ほんとうに、決して決してあってはならないことで、自らの身の愚かさを顧みないことの最たるものであること。

一　愚かで道理に暗い身を相続させて、右のような程度であることは、代々の名声とは別のものであるほか、こともあろうに、元就が数年かけてあれこれと数多くの思案を用いて、その軍事上の功績が自国他国に広く知れ渡っている家名であるのに、隆元が才能も力量も全くない身で、持ち崩すことは、名誉も利徳もともに忘れてしまうことであると思い置いていること。

一　そのような時は、隆元は、自身の才能がないことを顧みて、決意すべきこと。

一　家督を幸鶴に相続すべきこと。

（中略）

一　隆元としては、また、そのようにすっかり劣ってしまっているようでは、やむを得ないことです。それ相応に維持すべきことは、どんな場合にも、家中にも人（優れた家臣）がおらず、度を超して多くの者が道理に背き下劣な振る舞いをするので、どうにもならないこと。

一　多くのことについて、家を思い、主人を思う心は一切ないこと。

一　あらゆることが自分の欲ばかりであること。

【上略】

一　右の趣、天然自然の儀とハ申し乍《なが》ら、偏《ひとえ》ニ元就累年の武功ニヨツテノ儀候、此如く候家を、隆元長男とハ申し乍ら、無才覚無器用の身ヲ以て連続仕るへき儀、誠に努々《ゆめゆめ》あるましき事、身ノ不肖を顧みさる事の第一たるへき事、

一　愚案《（暗）》の身乍ら、相続せしめ候て、右の分候、代々の誉異なる他、剰《あまつさ》へ元就数年の百慮の案を尽し、武功自国他国ニ其隠無き家名にて候を、隆元無器量至極の身を以て、持ち崩すへき事は、名利共ニ失念候事と存し置き候事、

一　然る時ハ、隆元事ハ身の不器用を顧み候て、覚悟せしむへき事、

一　家督の儀をハ幸鶴ニ相続仕るへき事、

（中略）

一　隆元においては、又さのミおとり（劣）はて（果）候やうに候てハ、是非無く候、然るへく保つへき事は、いかにも家中にも人なく候、あまりも諸人無道比興《ひきょう》のふるまいにて候間、是非に及はさる事、

一　諸事ニ付て、家を思ひ、主人を思ふ心ハ、一切無く候事、

一　万事身のよく（慾）専らの事、（下略）】

竺雲恵心に見せた隆元の胸中

続いて、隆元が、心公《しんこう》（竺雲恵心《じくうんえしん》）に己の心情を打ち明けた書状も見てみよう（『毛』七六二）。恵心は、出雲国生まれの僧で、朝廷や将軍からも認められた存在であり、毛利家の外交役も担っていたが、隆元は、一歳年長の恵心に深い信頼を寄せていた。

名将の子には必ず不運な者が生まれると申しますが、（私は）思い当たります。（名将の父に）劣らない子が生まれることは、ますますきわめて稀であることです。一度は栄えて、一度は衰えるというのはこの世の習いで、これもまた思い当たります。（追伸）まったくもって恐れ多いことですが、元就は、中国地方の人々に見知られておりますので、このように愚かな私のことを申すために、「名将」という名で述べま

した。ご覧になりましたら、この書状を火の中へ入れてください。

【近比《ちかごろ》惶《おそ》れ多き申し事ニ候へとも、元就事ハ中国諸人知見の儀候間、此如く愚身か事の為申すへく、名将の号を述へ候、御一見已後火中〳〵、此切かミを八、名将の子ニハ必す不運の者か生れ候と申し候事、存知当り候、連続に劣らさるの儀、更に希有《けう》の儀候、一度ハ栄え一度は衰ふ世の習、是又存知当り候、】

この書状は、隆元の卒去後、恵心から元就の許に届けられたと考えられる。元就が、隆元の書き置いたものを見て「言語道断、感涙に堪へ候」（ことばで表せないほど、涙にくれている）と立雪（恵心）にあてた書状もあり（『毛』七六四）、隆景の許にも、立雪が「常栄御書置の数通」を届けていることがわかっている（『毛』七六三）。隆元は、この書状を見終わった後は、すぐに焼却してほしいと書いている。それだけ、率直な思いを述べているのであろう。

さらに、この書状の直前に収載される心公あて書状（『毛』七六一）でも、隆元は、「我が家も、父元就で数代ずっと統治してきましたが、私の代からは早くも家運も尽きはててしまうだけです」（悴家も、愚父代ニテ数代始終納め候と見え候、我等よりハハヤ家運尽き終り候マテニ候）、「我が家が数代にわたり名を留めてきたことが多いとはいえ、父の元就の代で過去数代を超えてしまいました。このようなときは、私がたとえ才覚があり力量才能があったとしても、父にはかないません」（悴家数代名ヲ留め候事多く候とハ申しナカラ、愚父代ニテ数代ニ超越候、然る時ハ、吾縦《たとい》才覚器量候ヘハトテ、愚父ニ及ふへき事有間敷候）、「その上、私は才覚もなく力量才能もありませんし、家にも有能な人がいません。現在このように評判を得ているとはいえ、ただただ、間違いなく父の身ひとつの配慮や苦労をもってこそ、このようであるのでしょう。家には優れた補佐をする家臣もよい補佐役の家臣もおりません」（其上、我等無才無器量の上ニ、家ニ人無く候、只今加様ニ覚を取り候と申し候へとも、只偏に　愚父一身の心遣辛労ヲ以て祐此（社・こそ）如く候へ、家ニ賢佐良弼《けんさひつ》ナク候）とも書いている。このほかにも、同じような叙述の書状や覚書が数通残されている。

輝元は、たびたび元春や隆景、秀元、吉川広家など一族の者への書状に、「日頼御一通《にちらい》」、「日頼様御書の辻」を引き合いに出しており、大切に保管されていた書状を丹念に読んでいた形跡がある。元就の書状と同様に、父隆元の書状も目にする機会があったと思われ、その叙述を念頭に置いていた可能性もある。

秀就への教訓状

輝元は、秀就に対しては甘い父親だったらしく、秀就の行状が芳《かんば》しくないという家臣からの要望を受けて、秀就に対して何度も教訓状を発信している。それらの中に、輝元自身が己の境遇について記した箇所があるので、次にあげておこう。慶長十八年（一六一三）十二月付の秀元と福原広俊《ふくはらひろとし》あての毛利宗瑞《そうずい》（輝元）書状案で、端裏書には「御異見の御ヶ条」とあり、実質的には秀就にあてたものと思われる輝元の訓戒である（『毛』一一五七）。

（上略）

一一歳で親と離れ、一三歳で島根の戦陣に呼ばれて出陣してから、日頼様のお側に控え、一九歳になるまで、お側を離れず誠心誠意お勤めしました。結局のところ、器量の備わった人物になるという目標を成就することはいささかもできず、どんなことでも日頼様のお指図をうかがい、敬って憚る気持ちでおり、親子の間柄の上下を無視する行動であるとお思いになるようなことはしません。日頼様の厳しい叱責は、こっそりと大げさでないようにされる。今でもそれを知っている者もいます。尋ねお聞きになってください。それゆえにこの歳まで世の中一般を敬い、今の世の中風の聡明さや才知を働かせることもなく、（言われたことを）重大な事柄であると朝夕思いながらこうして過ごしてきたので、国の主などになりました。この頃の有様《ありさま》とはとんでもなく違っている事柄もあるでしょうが、一つとして私が言ったことはいささかもありませ

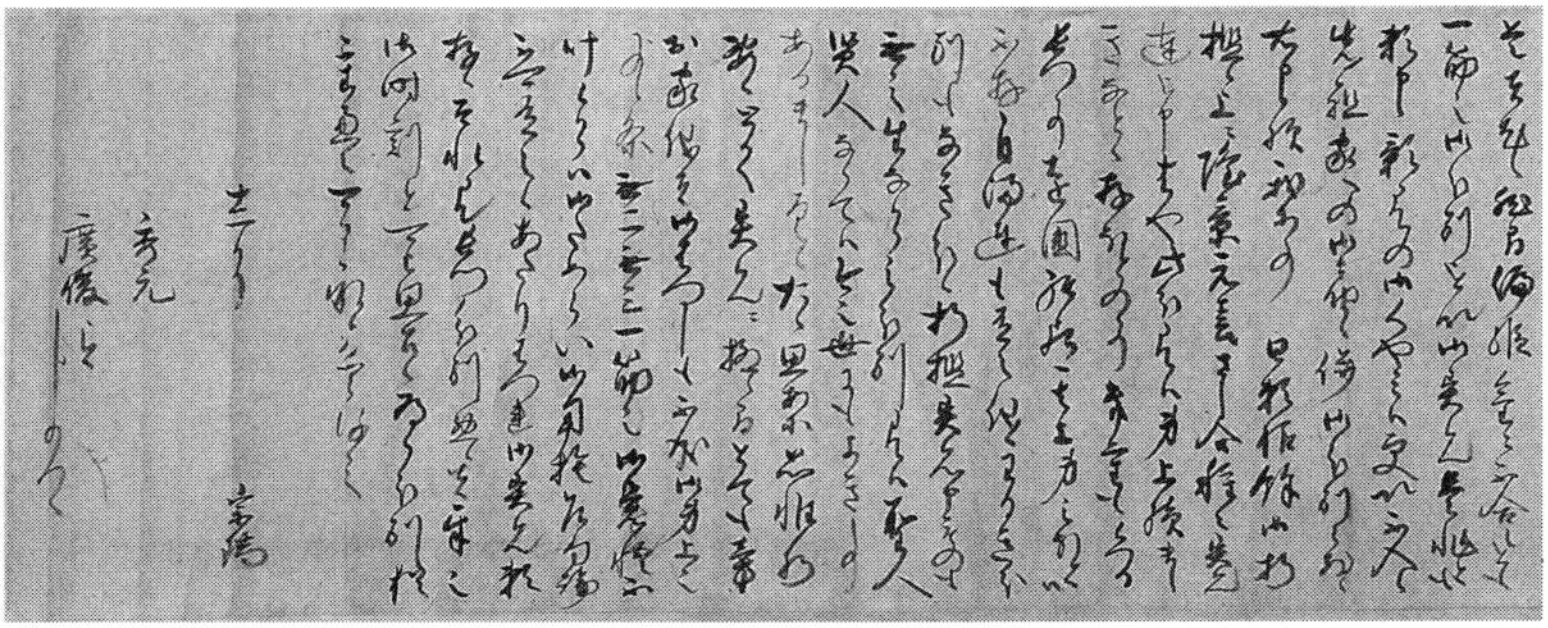

図20　秀就あて輝元書状（『毛利家文書』1157，毛利博物館蔵）

ん（すべて元就様の教えによるものである）。

（中略）

そうであるので、ひたすら、もし気に入らなくても、一途な正しいご判断をもって、他人のご訓戒（ご忠告）はぜひ頼みとし、人目につかないところで悔しく思うようなことは絶対に不要です。毛利家の先祖への供養です。それが正しいご判断をする前に考えておかなければならない条件（前提）です。右に申した趣旨は、私は、日頼様がひどく厳しく叱責される上に、隆景も元春も同調して、さまざまの訓戒を申され、すでにもうこの調子ではこの身が持たないなどと思う程のことが、繰り返し重ねてありました。長門（秀就）は遠い国におり、その上、自分の置かれている身の上は知らず、自慢などもあることでしょう。間違っており、正しい判断もないようです。厳しい叱責や忠告をする者もおらず、生まれながらの分別では、聖人賢人でなければ、今の世でもよいことがあるはずはありません。つくづくと考えをめぐらすこと、熟慮して判断することが重要です。いずれにせよ、行き着くところは異見（訓戒、忠告）ですので（異見が最も大事）、どちらにしても家のことをしくじることはできない境遇なのですから、わき目もふらず一心に、ひたすらなお心構えが思いどおりにならないのであれば、躊躇も遠慮も、もちろんのことあってはなりません。当たっているにしても外れているにしても、ご訓戒は、頼みに思います。それで長門の判断が間違っていれば、互いの滅亡の時と思われるべきでしょう。正しいご判断をしてください。

【（上略）

十一にて親にはなれ（離）、十三にて島根陣へ召し寄せられ、罷《まか》り出候て、日頼様御そは（側）に相詰め、十九ニ成り候まて、御そは（側）はなれ（離）す御奉公申して候、終《つい》ニ人体《じんたい》達毛頭仕らす、よく（良）もあしく（悪）も　日頼様御意うかゝ（伺）い、ほうそんをおき、親子の間、是こそうへ（上）なしの振舞なとゝ思し召され候ハんこと仕らす候、　日頼様御折檻は、内々大形ならぬ事ニ候ツる、今存し候者も有るへく候、尋ね聞かるへく候、其故此歳まて世上うやまい（敬）、当世のりこん（利根）才覚無きの上、大事〳〵と朝夕存し候て罷り過き候間、国の主なとに成

り候、今時の趣にハ以外ちかい（違）たる儀たるへく候条、一ツとして我等申す事毛頭無き儀候、
（中略）
然る間、偏《ひとえ》に縦《たとい》気ニ合はす候とも、一筋の御分別を以て、御異見是非とも頼み申し候、影にての御くやミ（悔）ハ更に以て入らす候、先祖家への御届候、併せて御分別の前候、右申し候様、我等事　日頼様余に御折檻候上ニ、隆景元春さし合せ種々異見達申され、はや此分にてハ身上続ましきなと丶存するほと（程）の事、幾重も候つる、長門事遠国に罷り居り、其上身のほと（程）ハ存せす、自満達も有る儀候、わるき（悪）分別もなき分候、折檻異見申すものも無く、生れなからの分別にてハ、聖人賢人ならてハ、今の世にもよき事あるましく候、たゝ思案思惟肝要候、とかく異見ニ極り候間、とても旁《かたがた》家においての儀は御はつし（外）も御身上成らさる事候条、無二無三一筋の御覚悟叶はす候からハ、御ためらい御用捨、勿論乍ら有るへからす候、あたり（当）はつれ（外）御異見頼み存し候、それにて長門分別悪く候はは、互の御時刻と思し召さるへく候、御分別たり候、猶重畳申し承るへく候、恐々謹言」

輝元も、かなり筆まめで多くの書状が残されているし、長文も多い。この書状も二一カ

条にわたり、秀就の行状について細かく注意を与えている。家康・秀忠の信頼する人物を手本にせよ、華麗を避け、先祖以来の国風を守れ、飲酒を慎め、遊興を慎め、約束を守れ、他国の者に対し立腹するな、人の異見を忘れるな等々である。その中で、輝元が語る己の境涯には、元就や元春、隆景に厳しく訓育されたことは出てくるが、生母尾崎局や元就の継室中の丸などを意識している記述は見受けられない。尾崎局や中の丸が、輝元の訓育に力を尽くしたことは、明らかである（「毛利元就の最後の継室」と「毛利隆元の正室」の章参照）。書状の目的にも左右されるので、軽々に判断はできないが、元就の述懐と大きく異なるのは、この点である。

元就の述懐

弘治四年（一五五八）八月の元就から隆元への書状写（隆元の書写）に、元就は自身の境涯について、次のように記している（『毛』四二〇、第五条）。

私は、五歳で母と別れました。一〇歳で父（弘元《ひろもと》）と別れました。一一歳の時に、兄の興元《おきもと》は、京都へ上られました。ほんとうに思慮もない孤児になってしまい、大方様（弘元側室）は、あまりにも気の毒な様子をお見捨てになることがおできにならず、私を育ててくださるためだけに、お若い身であったのに、我が家にお留まりになってお育てくださった。それゆえに、最後の最後まで別の夫にお仕えになることもなく、貞女を遂げられました。それゆえ、大方様にしがみついて、兄が京都にいる留守を三ヵ年送りました。特に、多治比《たじひ》を私に父弘元がお譲りになりましたが、井上中務《なかつかさの》丞《じょう》が、引き渡さず、奪い取りました。そうではありましたが、興元も一六、七歳でおられたし、まず何よりも京都に居られたので、領国のことをお命じになることができないままであったところ、井上中務丞が不思議なことに死去してしまいましたので、その後に、井上肥後守《ひご》（俊久《としひさ》）と伯耆守《ほうき》（井上俊秀《としひで》）が思案して、多治比に呼びよせ、そうして、興元は、元就が一五歳の時、京都からお下りになられた。その間は、興元をお頼り申し上げ、力も強く思っていましたところ、また、どれほどもなく、元就が一九歳の時に、興元が早世されました。これ以降は、親はもちろん、兄弟にしても、あるいは伯父にしても、甥など一人も持たず、ただただ独り身でいましたが、今日まで、このように家を維持しているのです。

【我等ハ五歳にて母ニはなれ《（離）》候、十歳にて父ニはなれ《（離）》候、十一歳の時、興元京都へ上られ候、誠に了簡無きミなし《（孤）》子ニ罷り成り、大かた《（方）》殿あまり不便ニ《之》体を御らんすて《（捨）》られかた《（難）》く候て、我等そた《（育）》てられ候て候ため《（為）》はかりニ、若き御身にて候すれとも、御逗留候て、御そたて《（育）》候、それ故ニ、終ニ両夫ニまみえられす、貞女を遂けられ候、然る間、大かた《（方）》殿ニ取りつき申し候て、京都の留守三ヶ年を送り候、殊に多治比を我々ニ弘元御ゆつり《（譲）》候へとも、井上中務丞渡候ハて、押領候、然れとも、興元も十六七の御事候と申し、第一京都に在る儀候条、国本の儀ゐおほせ《（仰）》つけ《（付）》られす候て《候つる》処、中務丞不思儀ニ死去仕り候間、其後井上肥後守、伯耆守調法仕り候て、多治比へよひ《（呼）》上せ、さ候て、興元の御事、元就十五の時御下り候、其間興元たのミ《（頼）》申し候へハ、力もつよ《（強）》く候つる処、又幾程なく、元就十九歳の時、興元早世候、此如き以後ハ、勿論親にても、兄弟にても、或いは伯父にて候、甥にて候なとの一人ももたす《（持）》、たゝ〳〵ひとり身にて候つれとも、今日まで此如くかゝハり候事にて候、】

また、この翌日に隆元からの返書に対する返信として「昨日も申したように、私は、何はともあれひたすら親も子も兄弟もいない孤児になり果ててさえ、家を維持しています」（昨日も申し候如く、我等事先一円親も子も兄弟もなきみなし子ニ成り果て候てさへかゝハり候）とも言っている（『毛』四二一）。

　元就は、「五歳にて母ニはなれ」、「十歳にて父ニはなれ」、自ら「親にても、兄弟にても、或いは伯父にて候、甥にて候なとの一人ももたす、たゝ〳〵ひとり身にて候」、「親も子も兄弟もなきみなし子ニ成り果て」と言う。そのような境涯であった元就が幼い頃に、親代わりとなって面倒を見てくれたのが、「大方様」であったと語っている。「毛利元就と妻室」の章で見た、いわゆる「三子教訓状」一二条でも、「大方殿御出候て御保ち候、我等も同前ニ、十一歳ニて伝授候」と言っており、父母を喪った後の大方の養育の様が、元就の脳裏に強く残っていることが推測できる。

一方、輝元は、早くに父親を喪ったとはいえ、その時、周囲には、祖父元就をはじめ、叔父元春や隆景、そして、生母尾崎局《おざきのつぼね》、また、元就の継室たちもいた。元就がいう「みなし子」とは異なる生育環境に置かれていたことも、考慮に入れておかなければなるまい。祖父の教えがあったとはいえ、この環境が彼の意識に影響を及ぼしたと考えることはできるだろう。

吉川家に嫁ぐ娘への訓戒状

残されている書状を見る限り、輝元は、元就のいう「内をは母親を以ておさめ《(治)》」という母親の役割をあまり意識していない、あるいは表に出していないようである。では、妻室（母親）の役割をどのように考えていたのであろうか。次の書状は、吉川広正《きっかわひろまさ》（吉川元春の孫）に嫁ぐ娘への訓戒状である（『毛』一一八六）。発信は、広正との婚儀が調った元和二年（一六一六）七月と思われる。

この縁組のことを、不満足に思っているのではと思います。家中の者の中にもそのように思う者もあるだろうと思いますが、私の考える旨は、それとは違います。以前、日頼《にちらい》様が（私に）言い聞かせられ、また、その後は、御所様（徳川家康か、『元就卿伝』は、元春、隆景両卿とする）からお話しいただいたのも、少しも違ってはいません。きっと、名人のお考えになることはよいことであると思い、私は、このような婚姻を取り決めたのです。およそ国を思う者は、まず一番に我が身を修めること、行いが重要です。そうして、その次は、家中を治めることで、家が存続するようにすることです。その上で、人品、人品の器量次第で、人に国を取られないように心がけ、また、果報（前世の善行によるこの世での幸せ）次第、自分次第で、他の国へは、仕掛けるものです。我が身や家中が堅くしっかりとしていなければ、何もかも成就しないものであると、教え諭されたゆえに、家中をひたすら一致協力させることであると、このように婚姻を取り決めたのです。毛利家にとっては、秀元と吉川が重要ですので、このように取り決めたのです。特別でない者には、深い先々までの思慮はなく、普通のことしか考えませんから、いろいろと一時の欲ばかりを考えるのです。また、他国などへの婚姻であるなら、思うようにはならないでしょう。東国の遠くの端などへの婚姻というようなことにもなれば、手近な所の役には一つとして立たないことになります。家中が堅固であれば、善きにつけ悪しきにつけ、もっぱら先祖へのご奉公もこれに勝るものはないと思い、このようにしたのです。

【此ゑん《（縁）》のこと、ふそく《（不足）》のやうにおもひ《（思）》候すると存し候、かちう《（家中）》のもの《（者）》ゝなか《（中）》にもさやう存し候もの《（者）》もあるへく候へとも、われ〳〵《（我々）》存し候むね《（旨）》ハそれにはちかひ《（違）》候、此まへ《（前）》にちらいさま《（日頼様）》おほせ《（仰）》きかせ《（聞）》られ候、又そのゝち《（後）》は御しよさま《（所様）》御ものかたり《（物語）》うけ給はり候も、すこし《（少）》もちかひ《（違）》候ハす候、さてはめいじん《（名人）》のおほし《（思）》めし《（召）》候ことはよき事にて候すると存し候て、われ〳〵《（我々）》かやうゑんへん《（縁辺）》申しだんし《（談）》候、そうへつ《（惣別）》くに《（国）》を存し候もの《（者）》ハ、まづ一はん《（番）》ニはわか《（我）》身をおさめ《（修）》、きやうき《（行儀）》かんにやう《（肝要）》に候、さ候て、そのづき《（ママ）》ハかちう《（家中）》をおさめ《（治）》候事、いゑ《（家）》のつゞき《（続）》たもち《（保）》やうに候、そのうへ《（上）》にて、にんたい《（人体）》〳〵のきようしだい《（器用次第）》に、人にくに《（国）》をとら《（取）》れさるへうに心かけ、又くはほう《（果報）》しだい《（次第）》ちぶんしたい《（自分次第）》に、たのくに《（他国）》ゑはしかけ《（仕掛）》候ものにて候、わか《（我）》身かちう《（家中）》しまら《（締）》す候ては、なにもかもならさるものにて候と、御だんぎ《（談義）》候つるゆへ《（故）》、かちう《（家中）》のとゝのへ《（整）》もつはら《（専）》と存し候につゐて、かやうゑんへん《（縁辺）》申しだんし《（談）》候、とうけ《（当家）》にてハひてもと《（秀元）》きつかわ《（吉川）》かんにやう《（肝要）》にやうに候ニつき、かくのことく《（如）》申しだんじ《（談）》候、ただのもの《（者）》はふかき《（深）》

へんりよ《（遠慮）》ハなく候て、一とをり《（通）》の事にて候まゝ、いろ〱とき《（時）》のよく《（慾）》はかりをそんじ《（存）》候事ニて候、又たこく《（他国）》なとへのゑんへん《（縁辺）》ならは、おもう《（思）》へうにハなるましく候、ひかし《（東）》のはて《（果）》なとへゑんへん《（縁辺）》の事ともになり候てハ、てもと《（手許）》のやく《（役）》にハひとつ《（一）》としてたゝ《（立）》ぬことにて候、かちう《（家中）》けんご《（堅固）》に候ハゝ、せん《（善）》にもあく《（悪）》にも、一すち《（筋）》にせんそ《（先祖）》への御ほうこう《（奉公）》此うへ候ましきとそん《（存）》し、かくのことく《（如）》に候事、】

以下の条文は、書状原文を省略して示す。

吉川家中での振る舞いを指南

一　吉川の家に嫁いだのですから、かの家の法度《はっと》に従って物事を定めること、

一　また、私の私的な考えは、公に出ないことではありますが、あなたは、ただ一人の女子ですから、（私は遠くに）手放しておくようなことは難しいのです。特に、あなたは、生まれつき短気ですから、他国などでの住まいは勝手にはできないでしょう。（けれど、毛利の）家中であれば、善かれ悪しかれ心安いことでしょう。このことについては、心中深く思い当たっていること、

一　二人（夫婦）の間柄のこと、これは重要です。どんな腹の立つことがあっても、我慢辛抱するべきです。並ひととおりの判断で限界まで行きつきます。そのように

して、我慢辛抱しても、すでにもう修復することができないような時は、私の方へ言ってくること、

付、右に申すように、吉川家は、ただの同輩とは違います。これは家中をしっかりと整えるため（の婚姻）ですから、十人並みの判断ではなりません。家のためであるということなのですから、その心構えでいること、

一　吉川家の家中の人々などには、言葉遣いを丁寧に念入りにすることが重要です。人がありがたく恐れ多いと思うようにする、その心がけが何よりも必要なこと、

一　家中の人々への気位の持ちようは、同じ並びの婚姻ではありませんから、少し高くするように、その心がけでいるべきです。また、家中においても、その程合いによって、それにふさわしい応対が重要なこと、

一　女房衆などが、無秩序に不作法で粗雑でないように、内輪の働かせ方がこれもまた重要であること、

一　人が無思慮で軽率なことを申しても、よく見聞きして、決着をつけるべきです。むやみに、人が何かと申すことに腹を立てないこと、

一　人と対面する時は、たとえ腹の立つことがあっても、心のどかに丁寧で念入りに

応対すること、

一　一切の事柄に退屈な顔を、人の中でしないように心構えをしておくこと、

まず、同族ではあるが家臣格の吉川家への縁組について、本人も、また、周囲の家臣の中にも、不満を持つ者がいるかもしれないので、なぜ吉川家を選んだのかを説き聞かせている。その中で、家を保つことに関する要点を、日頃（元就）から聞かされたこととして、順々に書いているが、その叙述は、妻室としての立場からの話ではないように見える。ついで、吉川家中での留意点を細かく記しているが、そこにも、「内を治める」ための妻室としての心得といった趣の事項はなく、書かれているのは、もう少し狭い範囲の人間関係を安寧に保つための事柄であるように受け取れる。

嫁ぎ先吉川家への配慮

輝元は、「むまれ（生）つきたんき（短気）」である娘のことがよほど案じられたものであろう、広正の父である広家あてに、「娘は概して幼い頃から、何かにつけて弱く生まれつき、（順調に）育っていくようではなかったので、せめて人並みに成長さえしてくれればよいと、思いのままに育ててしまいましたので、短気なのです。あれやこれや仰天されることもあるでしょう。また、そうなると次郎殿のお気には召さないでしょう、そのことは（私も）前もって心構えをしています。そうであっ

ても、たいていは、家のためをお思いになって、じっとこらえてお許しください。その上で、どうやっても到底こらえられないという時は、すばやくおうかがいします。こちらとしては、そのように（どうしても堪忍できない事態になるかもしれないと）承知しています。今から、右のように心構えをしていますので、この後、疎《おろそ》かにされることはあってはなりません」、「善きにつけ悪しきにつけ、あなた様の家（吉川家）のことは、日頼（元就）が申し置かれた要点（毛利家の存続にとって吉川家は大事な家であること）を、決して忘れることはありませんので、そのことはどうかご安心ください」など書きやっている（『毛』一一八四、元和二年七月十七日付）。毛利家にとっての吉川家の重要性を説き、また、娘のことは、できるだけ寛容に考えていただきたいと願っている。

　また、同時期、秀元に対しても、娘を遠国《おんごく》でなく家中に置く理由として、「お姫は、根気が少なく、とんでもなく気が短い」（お姫事、其身気根少く候て、以外の気ミちかく候）、「何かにつけて身体が弱く、のぼせあがる質で、根気がなく生まれた」（物よハく、しやうきニ気根無きニ生れ候）ので、「手許に置いておけば、もし（相手方との関係が）悪くなった時、私のところへ呼び戻すのも容易である」（手本ニ置き候て悪く候へハ、我々へよひ（呼）もとし（戻）置き候も安く候）などと書いている（『毛』一一八八）。

輝元が愛娘を手放したくないがゆえの言い訳なのか、はたまた、本心から案じていたのか、よくわからないが、娘への訓戒や嫁ぎ先への配慮などを見ると、そもそも右のような懸念を抱いて吉川家に送り出した娘に、吉川家の「内を治め」ることを期待することなど到底できなかったのかもしれない。あるいは、輝元の中に、それが、あまり強く意識されていなかったということもいえるのかもしれない。

輝元正室の南ノ御方の言動から、輝元代には、元就、隆元代のような妻室の役割は求められなくなっていたことが推測できる。また、側室の二之丸は、輝元との間に子をなしたものの短命で、実質的に子どもたちへの訓育に関与できなかったということも、輝元の意識の背景にあるのではないだろうか。さらに、確証は得られないものの、毛利家をめぐる政治的情勢の変化が、毛利家内の妻室の果たす役割の変容にも影響を与えたと考えることも許されるのかもしれない。

「内をは母親を以ておさめ」の意味するもの――エピローグ

毛利家の家庭事情

ここまで、五〇〇年近く前に生きていた毛利元就《もうりもとなり》、隆元《たかもと》、輝元《てるもと》三代と、彼らに関わっていた女性たちの息づかいを身近に感じるため、書状を丹念に読み解いてきた。そこでは、彼らの妻室たちを、それぞれ個別に追い、彼女たちの動向や人間性を探ってみた。その過程で、毛利家の人々との関係も、残されている書状からわかる範囲ではあるが、知ることができたと思う。また、それぞれの個性を、ある程度は浮き彫りにできたのではないかと考えている。

毛利家の妻室たちは、時には元就の指示を受けながら、時には夫と相談しながら、それぞれの子、あるいは、子がなくとも、毛利の家の子の養育に当たっていたことがわかるが、それと同時に、自分の所領に対する確固とした権利意識を持ち、それを主張することもしている。また、毛利家家臣にもさまざまな心配りをしている。さらに、隆元正室尾崎局《おざきのつぼね》や、輝元正室南ノ御方は、実家と婚家の架け橋としての役割も果たしている。

毛利家の家庭事情を考える時、やはり最も特徴的なものは、「内をは母親を以ておさめ《（治）》、外をは父親を以て治め候と申す金言」という元就の家族観ではないかと思われる。そこで、今一度、この文言が、どのような事情で発せられたのかを整理しておきたい。

家を長く保つ秘訣

元就は、世に「三子教訓状」として知られる書状（『毛』四〇五）において、隆元を当主とする毛利家、元春《もとはる》が継いだ吉川《きっかわ》家、隆景《たかかげ》が継いだ小早川《こばやかわ》家の三つの家が、互いに隔意なく協力し合ってこそ毛利家が力を保てるとした上で、他の二家も、毛利家の力を頼みとして長く保つことができるのだと、三人の息子に説いている。本状では、正室妙玖《みょうきゅう》については、本来であれば孫子の代までこの要諦を守ってほしいが、せめて三人の息子の代だけでも守ってくれることが、「妙玖ゑのミなく〳〵の御とふらい《（弔）》も、御届けも、是ニしくましく候〳〵」（亡き母〈妙玖〉へのあなた方の供養も追善も、これに過ぎるものはありません）と、一文だけ触れているのみである。しかし、追伸ともいうべき隆元あて書状（『毛』四〇六、実質的には三人の息子にあてたもの）では、次のように説いている。

三人の間柄が、ほんの少しでも悪くなって行き、お互い悪く思われるようなことがあれば、即刻、滅亡と思ってください。

【三人の間、露塵ほと《程》もあしさま《悪様》ニ成り行き、わる《悪》くおほ《思》しめし《召》候はは、はや〳〵めツほう《滅亡》と思し召さるへく候〳〵】

三家が今のように一つにまとまっていれば、この毛利の家中は、あなたの思いのままだし、小早川の家中は、隆景の思いのままだし、吉川の家中は、元春の思いに任せてよいのです。

【三家今のことく無二ニ候はは、此家中ハ御方の御心ニまか《任》せられ、小早河家中ハ隆景存分ニまかせ、吉川家中ハ元春所存に任すへく候〳〵】

ほんの少しでも兄弟の間が険悪になる兆しが現れようものならば、滅亡の原因とお考えください。

【露程も兄弟間わる《悪》きめ《芽》ぐみも候はは、めつほう《滅亡》の基と思し召さるへく候〳〵】

などとした上で、最後に、

なお、妙玖がおられたならば、このようなことは仰ったであろうに、何くれとなく、私が一身に気遣いするばかりです。

【めうきう（妙玖）居られ候はは、かやうの事ハ申され候するに、何まても〳〵、一身の気遣と存する計候〳〵】

と、家を長く保つための「守」は、妙玖が生きていれば、妙玖が言って聞かせるものなのに、ただただ自分一人が何くれとなく心配しなくてはならないと嘆いている。

ここで、元就は、三人の息子の結束を説くために、亡き生母を利用しているとも捉えられるが、ここには、単純に、生母を引き合いに出した以上の意図があるように思われる。それは、「かやうの事」の指し示す内容が、「張良《ちょうりょう》か一巻の書にもまし候」と断言し、「三家の秘事」、「一巻の書」とする「三家無二」の極意のことであるからである。元就は、単なる躾の域を超えた母親の役目として、家を保つ秘訣を子どもたちに訓戒することも含めて考えているのである。

この「三家無二」は、毛利家の政治的基盤を盤石にする極意であるとともに、毛利家三代の家族関係を規定する発想でもある。

次に掲げるのは、三子教訓状の発信された翌年の発信で、隆元からいったん返された三子教訓状を、再び隆元に戻し保管を指示している書状の中の一節である（『毛』五四三）。

内は母親、外は父親が治める

元就にも妙玖にも、私一人になってしまい、内外の儀を三人への事は言うまでもなく、五竜《ごりゅう》城の五もじ（娘）などにも、誡め（忠告）をしたいとのみ思うのですが、私も、内々、すっかり疲れ果てて、気力もないまま、このような事で、妙玖のことばかり偲んでいるのです。

【元就にも妙玖にも我等一人罷り成り、内外の儀ヲ、三人への事は申すに能はす、五龍の五もしなとか上までも諫をなし度事のミ候へとも、我等事、内儀はたとくたひれ候て、きこん（気根）候ハぬまゝ、さ様の儀、妙玖事のミ忍ひ候までにて候、】

内のことは母親が治め、外のことは父親が治めるという金言は、少しも間違ってはいないということなのです。

【内をは母親を以ておさめ（治）、外をは父親を以て治め候と申す金言、すこし（少）もたか（違）ハす候までにて候〳〵】

ここでは、妙玖がいないために、「内外の儀」をすべて一人で背負っていると、母親の不在を嘆く父親の姿を隆元に見せ、亡き妙玖への追慕の思いを吐露している。それに続けて、最後に、「内外の儀」、すなわち「内」は母親が、「外」は父親が治めるという「金言」に間違いはないと断言しているのである。この書状は、右の「めうきう居られ候はは、かやうの事ハ申され候するに」に対応した内容となっているのである。

つまり、元就は、母親の役割として、家庭内の家事・育児に留まらず、それを超越した毛利家血族や毛利家臣団をも含んだ広い範囲での働きを求めていたと考えることができよう。

母親の立場と役割の変化

三子教訓状の発信された頃、元就はすでに自らの進退について意識しはじめていることがわかっている。そこで、三人の息子に毛利家を永代存続させるための要諦を示しておこうと考えたものであろう。それと同時に、亡き妙玖への思慕と、妙玖が担うはずであった母親としての役割についても言及しているということなのである。

おそらく隆元や他の息子たちは、元就の言動によってその発想を意識する機会も多くあったであろう。しかし、輝元代になると、妻室の役割として、表向きの働きはあまり求められなくなってきているように見える。正室南ノ御方も、「おもて」のことは自分には情報が来ないと感じているようである。このことだけで、即断はできないが、輝元自身の書状にも、「内外の儀」、「内」と「外」という、母親と父親の役割分担が意識されている叙述は見いだせない。このことを、妻室の役割の変容として捉えておいてよいのかもしれない。

隆元の急逝により、嫡男輝元の養育は、生母尾崎局と祖父元就が担うことになったが、元就は、輝元が一九歳の元亀二年（一五七一）に卒去し、尾崎局は、その翌年に亡くなっている。毛利家に厳重に保管されている元就や隆元の書状を丹念に読んでいたと思われる輝元であるが、元就の発想は、輝元に十分に引き継がれなかったということなのだろうか。

その理由は、明確にはわからないが、元就が親兄弟を早くに亡くし、父弘元《ひろもと》の側室大方様に慈しみ育てられたことと輝元の生育環境の違い、あるいは毛利家をとりかこむ政治的情勢の変化が、家内のさまざまな立場の人々の役割や活動を変容させたということも考え得るのではないだろうか。

「内をは母親を以ておさめ」の真意

対外的な施策や領国の管理、領土に関する攻防などを徹底するためには、一族内が堅固であることが必要不可欠である。元就は、一族内、あるいは家臣団までをも含めた「洞」（うつろ）の乱れを防ぐことを、「母親」の役目として求めていたのであろう。元就の継室中の丸が、輝元の養育に尽力するだけでなく、家臣団と輝元や隆景との間を取り持ったように、継室乃美大方《のみのおおかた》に息男元清《もときよ》の家臣への態度を注意させたように、また、隆元正室尾崎局に幸鶴《こうつる》（輝元）への惣領教育の徹底を指示したように、元就は、毛利家の妻室に、「母」の立場で、子どもたちの養育のみならず、家を保つ基盤となる教えを訓戒することも求め、さらに、家庭内だけでなく、家臣団への「心遣」も求めた。つまり、「洞」全般への目配りをすることで、当主の動きの助けとなるよう機能することを求め、そういった積極的な関与を期待していたと考えられる。「内をは母親を以ておさめ」は、毛利家における女性の立場とその役割を象徴する文言といってよいのではないだろうか。

本書では、元就、隆元、輝元三代と、彼らの妻室たちに焦点を当て、その範囲で書状を見てきたため、元春、隆景、五竜局ほか、元就の子どもたちのあり方、あるいは、吉川《きつかわ》家、小早川《こばやかわ》家、宍戸《しし ど》家、その他の子どもたちの家の人間関係が、毛利家の家庭事情にどのような影響を及ぼしたのかまでは対象とできなかった。また、毛利家に関わる文書は、他家に比べれば格段に多くの書状が現存し、書き手の感情や思いを推し量ることが容易であるとはいえ、すべての書状が残されているわけではないはずである。輝元代の訓育の様子も、もう少し違ったものであった可能性は否定できない。

それゆえ、どれだけ当時の実態に迫れているのか心許ない次第であるが、ただ、書状を読む魅力の一端は伝えることができたのではないかと考えている。

本書が、より細やかな毛利家の実像を思い描くことの一助になれることを願うばかりである。

あとがき

私は、長い間『竹むきが記』について研究している。女流日記文学の掉尾を飾る作品である。記載期間の中程で、作者日野名子《ひのめいし》の夫西園寺公宗《さいおんじきんむね》は、後醍醐《ごだいご》天皇から謀叛の疑いをかけられ斬罪に処された。その時、作者は一子実俊《さねとし》を身ごもっていた。そのような悲劇を体験しながら、名子は、その喪失の悲しみを綴らない。それなのに、なぜ、この作品を書いたのかというのが、研究の出発点であった。日記は、春宮量仁《かずひと》親王（のちの光厳《こうごん》天皇）の元服《げんぷく》の記事から始められる。記事の配列や記録的叙述から、文学としてではなく史料として扱われたこともある。そのような作風であるから、作者の内奥に迫るためには、どうしても、作者が史実をどう扱っているかを確認しておく必要があった。『花園天皇宸記《はなぞのてんのうしんき》』、『園太暦《えんたいりゃく》』、『中院一品記《なかのいんいっぽんき》』、『師守記《もろもりき》』など、同時代の史料群から確認できる史実を、作者がどう描いているのか、あるいは、作者の立場であれば、当然書かれているべき事柄を描いていないのはなぜなのかを探っていった。この時代の史料との付き合いはそこから始まっている。

毛利家文書との付き合いは、当時所属していた学科教員との共同研究に始まる。中古文学、中世文学、国語史そして日本史の研究に携わる教員が、専門の立場でさまざまな角度から毛利家文書を解明するという試みであった。『竹むきが記』の現存する唯一の写本は、作品の成立から約三五〇年経った江戸中期の書写である。もちろん自筆本は早くに失われている。それに比べて毛利家文書の現存する自筆書状の豊富さに、私は驚嘆するばかりであった。

思えば、私は、幼い頃から、ずいぶんと人との縁に助けられてきた。この共同研究も、本腰を入れて毛利家文書に向き合う契機となったという面で、たまたま同時期に同僚であった方々との縁によるものである。これを機に、本学の秋山伸隆先生には今に至るまで、幾度となく懇切にご教示を賜っている。この場を借りて深甚の謝意を表したい。

本書では、書き手の思いを身近に感じていただくため、できるだけ現代語訳を添えたが、思いのほか、苦労した。時代語の特殊な語彙、あるいは、その地方独特な用法など、語義をおさえてみても、一文としての意味が理解しがたいこともある。また、書状が発信された事情や宛所が判然としない場合や人物比定が困難な場合もあり、解釈に難渋した箇所も多々ある。語一つの扱いで、まるで逆の意味をおびる場合もあり、できる限り精確な読みを心がけたつもりであるが、意味の取り違えや勘違いもあるかもしれない。振り仮名とあわせて、ご教示、ご批正をいただければ幸いである。

私事だが、母が、肝臓癌発症から約五年の後、息を引き取ったのが、二〇一六年十一月のことである。激しい痛みに長い間苦しむこともなく、亡くなるほんの一ヵ月前まで週末の自宅への外泊を楽しみに過ごせていたことには、感謝しかない。一週間の忌引きが明け、大学に出勤すると、吉川弘文館編集部の堤崇志さんから封書が届いていた。図書の紹介かとも思い開封してみると、本シリーズへの執筆の打診であった。思いがけないことではあったが、悲しんでばかりいてはいけない、前を向きなさいと、母に背中を押されているような心持ちがして、無謀な試みと重々承知しながら、お引き受けした。爾来、本務に紛れ、また先述のように現代語訳に思いのほか時間を取られ、なかなか筆が進まず、ずいぶんお待たせしてしまった。

その間に、平成が終わり、令和を迎えた。私自身も、本年度をもって、長い勤務を終える。この機に、本書をまとめる機会を与えていただいたこと、また、堤さんには辛抱強くおつきあいいただいたこと、製作段階では編集部の冨岡明子さんにお世話になったこともあわせて、ありがたく、深謝申しあげたい。

二〇一九年十一月

五條小枝子

参考文献・史料

参考文献

安芸高田市歴史民俗博物館『毛利元就をめぐる女性たち』図録（二〇一二年）
秋山伸隆『戦国大名毛利氏の研究』（吉川弘文館、一九九八年）
秋山伸隆「毛利元就発給文書目録」（『毛利元就文書の基礎的研究―日本史と国語・国文学の共同研究の試み―』科学研究費補助金（基盤研究Ⓑ）研究成果報告書、二〇〇三年）
秋山伸隆「毛利元就をめぐる女性たち」（安芸高田市歴史民俗博物館『毛利元就をめぐる女性たち』図録、二〇一二年）
秋山伸隆「毛利隆元の家督相続をめぐって」（安芸高田市歴史民俗博物館『毛利隆元―名将の子の生涯と死をめぐって―』図録、二〇一三年）
河合正治「毛利一門団結のシンボル妙玖」（『戦国大名論集六　中国大名の研究』吉川弘文館、一九八四年）
河合正治『安芸毛利一族』（吉川弘文館、二〇一五年、第二版）
河合正治編『毛利元就のすべて（新装版）』（新人物往来社、一九九六年）
岸田裕之『毛利元就―武威天下無双、下民憐愍の文徳は未だ―』（ミネルヴァ書房、二〇一四年）
五條小枝子「中の丸（毛利元就継室）考」（『広島女子大学国際文化学部紀要』一一、二〇〇三年）

五條小枝子「毛利家家訓の継承（一）」（『県立広島大学総合教育センター紀要』二、二〇一七年）
五條小枝子「毛利家家訓の継承（二）」（『県立広島大学総合教育センター紀要』三、二〇一八年）
三卿伝編纂所編『毛利元就卿伝』（マツノ書店、一九九七年、特装版）
三卿伝編纂所編『毛利輝元卿伝』（マツノ書店、一九九九年、特装版）
田端泰子『日本中世女性史論』（塙書房、一九九四年）
田端泰子『日本中世の社会と女性』（吉川弘文館、一九九八年）
西尾和美「毛利輝元養女の婚姻と清光院」（『鳴門史学』二六、鳴門教育大学鳴門史学会、二〇一二年）
西尾和美「豊臣期から江戸初期における毛利氏妻室に関する一考察―清光院と家臣・近臣女性との関係を中心に―」（『京都橘大学女性歴史文化研究所紀要』二一、二〇一三年）
西尾和美「毛利元就継室『中の丸』の出自」（『京都橘大学女性歴史文化研究所紀要』二二、二〇一四年）
西尾和美「戦国時代毛利氏の女性―尾崎局の生涯―」（『生活と文化の歴史学七　生・成長・老い・死』竹林舎、二〇一六年）
布引敏雄「毛利輝元側室二ノ丸様の薄幸」（『大阪明浄女子短期大学紀要』九、一九九五年）
光成準治『毛利輝元―西国の儀任せ置かるの由候―』（ミネルヴァ書房、二〇一六年）
毛利元就展企画委員会・ＮＨＫ『毛利元就展―その時代と至宝』図録（一九九七年）

引用史料の出典一覧

「厳島野坂文書」（『広島県史　古代中世資料編Ⅱ』所収、広島県、一九七六年）
「浦家文書毛利家御書」（『小早川家文書』附録、東京大学史料編纂所編『大日本古文書　家わけ第一一』）
「小幡家文書」（『山口県史　史料編中世3』所収、山口県、二〇〇四年）
『吉川家文書』（東京大学史料編纂所編『大日本古文書　家わけ第九』）
『近世防長諸家系図綜覧』（防長新聞社、一九六六年）
『熊谷家文書』（東京大学史料編纂所編『大日本古文書　家わけ第一四』）
『江氏家譜』（山口県文書館、「毛利家文庫」3公統／17）
『小早川家文書』（東京大学史料編纂所編『大日本古文書　家わけ第一一』）
「宗分歌集」（『私家集大成　中世Ⅴ・上』明治書院、一九七六年）
「長府桂家文書」（『山口県史　史料編中世3』所収、山口県、二〇〇四年）
「長府毛利家文書」（『山口県史　史料編中世4』所収、山口県、二〇〇八年）
「長府毛利文書」（山口県文書館、「三卿伝史料」謄写本）
「長府毛利文書」（『広島県史　古代中世資料編Ⅴ』所収、広島県、一九八〇年）
「永末家文書」（『山口県史　史料編中世2』所収、山口県、二〇〇一年）
「野坂文書」（『広島県史　古代中世資料編Ⅲ』所収、広島県、一九七八年）
『萩藩閥閲録』（山口県文書館、マツノ書店、一九九五年）

『萩藩閥閲録遺漏』（山口県文書館、一九七一年）
「普賢寺文書」（『山口県史　史料編中世4』所収、山口県、二〇〇八年）
「房顕覚書」（『広島県史　古代中世資料編Ⅲ』所収、広島県、一九七八年）
「右田毛利家文書」（『山口県史　史料編中世3』所収、山口県、二〇〇四年）
「右田毛利譜録」（『広島県史　古代中世資料編Ⅴ』所収、広島県、一九八〇年）
「村山家檀家帳」（『広島県史　古代中世資料編Ⅴ』所収、広島県、一九八〇年）
『毛利家文書』（東京大学史料編纂所編『大日本古文書　家わけ第八』）

著者略歴

一九五四年、広島市に生まれる
二〇〇〇年、広島女学院大学大学院言語文化研究科日本言語文化専攻博士後期課程修了
現在、県立広島大学総合教育センター准教授、博士（文学）

〔主要著書・論文〕
『『竹むきが記』研究』（笠間書院、二〇〇四年）
「霊鷲寺の長老―『竹むきが記』作者の禅修行―」（『国語国文』六九―一二、二〇〇〇年）
「西園寺家の元服―『竹むきが記』「同十二月七日、元服の事あり」考―」（『県立広島大学人間文化学部紀要』一〇、二〇一五年）

歴史文化ライブラリー
492

戦国大名毛利家の英才教育
元就・隆元・輝元と妻たち

二〇二〇年（令和二）一月一日　第一刷発行

著　者　五《ご》條《じょう》小《さ》枝《え》子《こ》

発行者　吉川道郎

発行所　株式会社　吉川弘文館
東京都文京区本郷七丁目二番八号
郵便番号一一三―〇〇三三
電話〇三―三八一三―九一五一〈代表〉
振替口座〇〇一〇〇―五―二四四
http://www.yoshikawa-k.co.jp/

印刷＝株式会社　平文社
製本＝ナショナル製本協同組合
装幀＝清水良洋・高橋奈々

ISBN978-4-642-05892-6

歴史文化ライブラリー

1996. 10

刊行のことば

現今の日本および国際社会は、さまざまな面で大変動の時代を迎えておりますが、近づきつつある二十一世紀は人類史の到達点として、物質的な繁栄のみならず文化や自然・社会環境を謳歌できる平和な社会でなければなりません。しかしながら高度成長・技術革新にともなう急激な変貌は「自己本位な刹那主義」の風潮を生みだし、先人が築いてきた歴史や文化に学ぶ余裕もなく、いまだ明るい人類の将来が展望できていないようにも見えます。このような状況を踏まえ、よりよい二十一世紀社会を築くために、人類誕生から現在に至る「人類の遺産・教訓」としてのあらゆる分野の歴史と文化を「歴史文化ライブラリー」として刊行することといたしました。

小社は、安政四年（一八五七）の創業以来、一貫して歴史学を中心とした専門出版社として書籍を刊行しつづけてまいりました。その経験を生かし、学問成果にもとづいた本叢書を刊行し社会的要請に応えて行きたいと考えております。

現代は、マスメディアが発達した高度情報化社会といわれますが、私どもはあくまでも活字を主体とした出版こそ、ものの本質を考える基礎と信じ、本叢書をとおして社会に訴えてまいりたいと思います。これから生まれでる一冊一冊が、それぞれの読者を知的冒険の旅へと誘い、希望に満ちた人類の未来を構築する糧となれば幸いです。

吉川弘文館

歴史文化ライブラリー

中世史

列島を翔ける平安武士 九州・京都・東国——野口 実
源氏と坂東武士——野口 実
平氏が語る源平争乱——永井 晋
熊谷直実 中世武士の生き方——高橋 修
中世武士 畠山重忠 秩父平氏の嫡流——清水 亮
頼朝と街道 鎌倉政権の東国支配——木村茂光
大道 鎌倉時代の幹線道路——岡 陽一郎
鎌倉源氏三代記 一門・重臣と源家将軍——永井 晋
鎌倉北条氏の興亡——奥富敬之
三浦一族の中世——高橋秀樹
都市鎌倉の中世史 吾妻鏡の舞台と主役たち——秋山哲雄
弓矢と刀剣 中世合戦の実像——近藤好和
その後の東国武士団 源平合戦以後——関 幸彦
荒ぶるスサノヲ、七変化 〈中世神話〉の世界——斎藤英喜
曽我物語の史実と虚構——坂井孝一
親 鸞——平松令三
親鸞と歎異抄——今井雅晴
畜生・餓鬼・地獄の中世仏教史 因果応報と悪道——生駒哲郎
神や仏に出会う時 中世びとの信仰と絆——大喜直彦
神仏と中世人 宗教をめぐるホンネとタテマエ——衣川 仁
神風の武士像 蒙古合戦の真実——関 幸彦
鎌倉幕府の滅亡——細川重男
足利尊氏と直義 京の夢、鎌倉の夢——峰岸純夫
高 師直 室町新秩序の創造者——亀田俊和
新田一族の中世 「武家の棟梁」への道——田中大喜
皇位継承の中世史 血統をめぐる政治と内乱——佐伯智広
地獄を二度も見た天皇 光厳院——飯倉晴武
東国の南北朝動乱 北畠親房と国人——伊藤喜良
南朝の真実 忠臣という幻想——亀田俊和
中世の巨大地震——矢田俊文
大飢饉、室町社会を襲う！——清水克行
贈答と宴会の中世——盛本昌広
出雲の中世 地域と国家のはざま——佐伯徳哉
山城国一揆と戦国社会——川岡 勉
中世武士の城——齋藤慎一
戦国の城の一生 つくる・壊す・蘇る——竹井英文
武田信玄——平山 優

歴史文化ライブラリー

徳川家康と武田氏 信玄・勝頼との十四年戦争—本多隆成
戦国大名毛利家の英才教育 元就・隆元・輝元と妻たち—五條小枝子
戦国大名の兵粮事情—久保健一郎
戦乱の中の情報伝達 使者がつなぐ中世京都と在地—酒井紀美
戦国時代の足利将軍—山田康弘
室町将軍の御台所 日野康子・重子・富子—田端泰子
名前と権力の中世史 室町将軍の朝廷戦略—水野智之
戦国貴族の生き残り戦略—岡野友彦
鉄砲と戦国合戦—宇田川武久
検証 長篠合戦—平山 優
織田信長と戦国の村 天下統一のための近江支配—深谷幸治
検証 本能寺の変—谷口克広
明智光秀の生涯—諏訪勝則
加藤清正 朝鮮侵略の実像—北島万次
落日の豊臣政権 秀吉の憂鬱、不穏な京都—河内将芳
豊臣秀頼—福田千鶴
偽りの外交使節 室町時代の日朝関係—橋本 雄
朝鮮人のみた中世日本—関 周一
ザビエルの同伴者 アンジロー 戦国時代の国際人—岸野 久
海賊たちの中世—金谷匡人
アジアのなかの戦国大名 西国の群雄と経営戦略—鹿毛敏夫
琉球王国と戦国大名 島津侵入までの半世紀—黒嶋 敏
天下統一とシルバーラッシュ 銀と戦国の流通革命—本多博之

近世史

細川忠利 ポスト戦国世代の国づくり—稲葉継陽
江戸の政権交代と武家屋敷—岩本 馨
江戸の町奉行—南 和男
江戸御留守居役 近世の外交官—笠谷和比古
大名行列を解剖する 江戸の人材派遣—根岸茂夫
江戸大名の本家と分家—野口朋隆
〈甲賀忍者〉の実像—藤田和敏
江戸の武家名鑑 武鑑と出版競争—藤實久美子
江戸の出版統制 弾圧に翻弄された戯作者たち—佐藤至子
武士という身分 城下町萩の大名家臣団—森下 徹
旗本・御家人の就職事情—山本英貴
武士の奉公 本音と建前 江戸時代の出世と処世術—高野信治
宮中のシェフ、鶴をさばく 江戸時代の朝廷と庖丁道—西村慎太郎
馬と人の江戸時代—兼平賢治

歴史文化ライブラリー

歴史文化ライブラリー

強制された健康 日本ファシズム下の生命と身体―藤野 豊
戦争とハンセン病―藤野 豊
「自由の国」の報道統制 大戦下の日系ジャーナリズム―水野剛也
海外戦没者の戦後史 遺骨帰還と慰霊―浜井和史
学徒出陣 戦争と青春―蜷川壽恵
特攻隊の〈故郷〉 霞ヶ浦・筑波山・北浦・鹿島灘―伊藤純郎
沖縄戦 強制された「集団自決」―林 博史
陸軍中野学校と沖縄戦 知られざる少年兵「護郷隊」―川満 彰
沖縄からの本土爆撃 米軍出撃基地の誕生―林 博史
原爆ドーム 物産陳列館から広島平和記念碑へ―頴原澄子
米軍基地の歴史 世界ネットワークの形成と展開―林 博史
沖縄 占領下を生き抜く 軍用地・通貨・毒ガス―川平成雄
考証 東京裁判 戦争と戦後を読み解く―宇田川幸大
昭和天皇退位論のゆくえ―冨永 望
ふたつの憲法と日本人 戦前・戦後の憲法観―川口暁弘
鯨を生きる 鯨人の個人史・鯨食の同時代史―赤嶺 淳
文化財報道と新聞記者―中村俊介

文化史・誌

落書きに歴史をよむ―三上喜孝
霊場の思想―佐藤弘夫
跋扈《ばっこ》する怨霊 祟りと鎮魂の日本史―山田雄司
将門伝説の歴史―樋口州男
藤原鎌足、時空をかける 変身と再生の日本史―黒田 智
変貌する清盛 『平家物語』を書きかえる―樋口大祐
空海の文字とことば―岸田知子
日本禅宗の伝説と歴史―中尾良信
殺生と往生のあいだ 中世仏教と民衆生活―苅米一志
浦島太郎の日本史―三舟隆之
〈ものまね〉の歴史 仏教・笑い・芸能―石井公成
戒名のはなし―藤井正雄
墓と葬送のゆくえ―森 謙二
運 慶 その人と芸術―副島弘道
ほとけを造った人びと 止利仏師から運慶・快慶まで―根立研介
祇園祭 祝祭の京都―川嶋將生
洛中洛外図屏風 つくられた〈京都〉を読み解く―小島道裕
化粧の日本史 美意識の移りかわり―山村博美
乱舞の中世 白拍子・乱拍子・猿楽―沖本幸子
神社の本殿 建築にみる神の空間―三浦正幸